지포그래픽

미국의
모든 것

GEOFOGRAHIC

세계 최강국 미국의
과거, 현재, 미래를 읽는다!

지포그래픽
미국의
모든 것

크리스티앙 몽테스 · 파스칼 네델렉지음
유성운 옮김

미다미디어

차례

3장 · 아메리칸 스타일은 세계인의 이상인가?

4장 · 초강대국 파워로 동경과 반감을 동반

"에 플루리부스 우눔!"
"여럿에서 하나로!"

"따라서 1억 5,000만 명의 인구가 북아메리카에 살게 되는 시대가 올 것이다. 그들은 생활 조건이 평등하고 모두 한 민족에 속하고 같은 대의에 뿌리를 두며 같은 문명, 같은 언어, 같은 종교, 같은 습관, 같은 생활 태도를 보존하고 같은 견해를 가지고 있을 것이다. 그 나머지는 불확실하지만, 위와 같은 사실은 분명하다. 또한 나머지는 유례가 없는 새로운 사실로서 아무리 알려고 노력해 봐도 파악할 수 없는 사실이다."

《미국의 민주주의》(1835년) '결론'에서
알렉시스 드 토크빌(1805~1859년) 프랑스의 정치 사상가 · 법률가

세계 유일무이한 최강국 미국의 실체는 무엇인가?

국토나 인구나 지정학적으로나 경제적으로나 거대한 미국은 세계 유일의 최강국이다. 983만㎢(토지의 표면적)의 면적은 세계 3위로, 북극권으로부터 열대 지역까지 커버한다.

인구수는 2020년 현재 3억 3,000만 명으로 세계 3위. 2019년도에 증가한 인구만 150만 명인데, 그중 일부는 세계 각국에서 유입된 이민자들이다. 그리고 2019년 GDP(국내총생산)는 21조 4,270억 달러로 세계 최고의 경제 대국이기도 하다.

이런 압도적 현실에도 불구하고 실제 미국의 자화상은 아주 복잡하고 미묘하다. 뿐만 아니라 사실 지금은 첫머리에 소개한 알렉시스 드 토크빌의 예상과 전혀 다른 상태가 됐다.

인구는 이누이트인부터 하와이인, 멕시코인, 아일랜드인, 아프리카계 에리트레아인까지 다양하고, 그래서 의견과 문화도 복잡하고 심지어 대립적이다. 사회적 부의 분배는 매우 불평등하다. 도시의 흑인 빈민가나 남부 농촌의 가난한 지역이 있지만, 부동산 개발기업의 월턴 가문(세계에서 가장 부유한 가문으로 엄청난 부동산과 월마트 소유), 대형 식품회사 마즈(Mars, 전 세계 74개 국가에서 연 매출 1조가 넘는 브랜드 11개를 보유하면서 세계 식품계를 선도하고 있음), 에너지 관련 대기업 코크(Koch) 등 거대 재벌과 가문도 있다. 그리고 마크 저커버그, 빌 게이츠, 스티븐 스필버그처럼 첨단 산업을 통해 막대한 부를 쌓은 신흥 갑부도 있다.

한편 미국이라는 나라의 경제 기반이 복잡하고 다양하다 보니 국가 차원에서 대처하지 않으면 안 되는 여러 가지 문제가 있다. 최첨단 다국적 기업 구글부터 버몬트주의 소규모 유기농 농가, 펜실베이니아주의 오래된 유전 문제까지 널려 있다.

일상생활에서는 여전히 전통적인 미국식 생활양식(아메리칸 라이프 스타일)이 대부분의 백인 기독교인에게 기준이 되고 있다. 중산층에 속하며 대부분 고학력이며, 대출을 통해 바비큐를 즐길 공간과 차량 2대 이상이 들어가는 넓은 차고를 가진 단독 주택을 소유하고, 지역 활동을 열심히 하며 선거에서는 민주당이나 공화당 중 하나에 투표하는 사람들이다. 이들은 아이들의 미래에 대해 불안감을 안고 있지만, 자신의 가치관과 아메리칸 드림에 대한 믿음은 어느 정도 유지하고 있다.

물론 이것은 어디까지나 일반론이며, 각 개인의 개성이나 2020년의 코로나19 사태 같은 예외적 상황은 고려되지 않은 것이다. 한편 실체를 들여다보면 아메리칸 라이프 스타일이 미국 사회 전체의 지지를 받는 것은 아니며, 또 다른 문화적, 사회적, 정치적 이상에 영향을 받기도 한다.

사회의 양극화와 불평등으로 미국의 민주주의에 경종

미국은 자유와 국민의 권리(1787년 제정된 헌법 전문의 첫 마디가 '우리 국민'이다)를 지키기 위해 건설된 국가인데, 이 고상한 신조에는 평등이라는 개념은 들어 있지 않다. 두 얼굴을 가진 로마 신화의 야누스처럼 이 나라에는 현재 상반된 두 얼굴이 있으며, 이것은 아메리칸드림이 여전히 건재한지를 다루는 최근 출판물에서도 반복적으로 등장하고 있다.

미국의 초상화를 충실히 그리고자 한다면 언제나 자유와 평등이라는 두 견해가 충돌한다. 이런 이원성은 위기를 누그러뜨리고 양극단을 조정하는 국가 차원의 메커니즘이 약하다는 것을 보여주는 것이다. 특히 눈에 띄는 것은 극단적일 정도로 화려한 성공 신화와 구조적인 인종차별이다.

한편에서는 이민과 혼혈이 진행되면서 점점 다양하고 풍부한 문화를 지닌 사회가 되고 있지만, 다른 한편에서는 인종차별이 뿌리 깊게 남아 수천 년 전부터 살았던 원주민과 4세기 전부터 살았던 흑인에 대한 불공정한 대우의 원인이 되고 있다.

아메리칸드림을 이룬다는 것은 권리를 보장받는 사회에서 노력과 인내를 통해 장애물을 극복하고 개인의 자유와 번영을 얻는 것이다. 그리고 이것은 고등교육과 단독 주택 두 가지로 상징된다.

　한편에서는 경제 번영으로 대다수 국민의 생활 수준이 향상되어 활력 있는 공동체(지역 조직, 종교집단, 공익재단 등)가 늘어나고 사회를 지탱하고 있지만, 한편에서는 중산층이 후퇴하고 인구의 5분의 1이 아메리칸드림에서 소외되고 있다. 일자리가 없거나, 일자리가 있더라도 임금이 낮고 건강보험도 없어 국가의 보호망 바깥에서 힘들어하는 사람들도 많다.

　세계 최고를 자랑하는 권위 있는 대학들이 지식경제의 중심에서 끊임없이 기술혁신을 하지만, 다른 한편으로는 공립학교가 총체적으로 무너지면서 공교육의 기능을 제대로 수행하지 못하고 있다. 그리고 대학 시스템에 비정상적으로 많은 돈이 들어 고등교육기관이 사회의 사다리 기능을 상실하고 있는 것으로 보인다.

　또 전체적으로 흉악한 범죄는 감소하고 있지만, 다른 한편으로는 빈곤에 의한 범죄가 증가(미국의 수형자는 200만 명 이상으로 세계 최고 수준)하고, 수억 정이 넘는 총기가 시중에 풀려 있다. 미국 사회는 뜨거운 감자를 안고 있는 꼴이다.

　많은 미국인은 아메리칸드림을 이루었거나 언젠가 실현될 수 있다고 생각하며 지역에서 민주 정치의 주역으로 활발한 정치 활동을 하고 있다. 그런데 국가적 정치 시스템인 선거에서 선출된 정치인들은 수십~수백만 달러씩 정치자금을 거두어들일 뿐 아니라, 다양한 이익 단체들의 로비와 영향력을 벗어나기 힘든 현실도 부정할 수 없다.

　이념이나 이해관계에 따라 사회적 합의가 불가능해 행정이 마비되는 일도 잦아지고, 유권자 일부는 정치에 대한 기대를 포기한 상태이다. 정치에 대한 불신과 진영의 대립이 심각해짐에 따라 유권자들은 극단적인 방향으로 가게 되고, 트럼프 정부 시대에 사회 갈등이 극단적으로 노출되었다. 즉, 다른 진영을 배제함으로써 사회 양극화가 진행되어 미국의 민주주의가 붕괴할 위험에 놓였다.

미국의 과거, 현재, 미래의 모습을 제대로 확인하고 싶다

물론 여기에서 모든 문제에 답할 수는 없지만, 이 책이 독자 여러분에게 자신의 의견을 정리하기 위한 아이디어의 실마리를 제공할 수 있기를 바란다. 이 책처럼 지리학적으로 접근하면 숨겨진 문제들이 드러나는 동시에 성급한 일반화의 오류를 피할 수 있을 것이다.

미국에 대한 견해는 세계 각지로부터 잘못 알려진 고정관념이나 가치관 등이 산더미처럼 모여든다. 예를 들어 눈부신 경제적 성공, 자유를 위한 끊임없는 투쟁, 그리고 그것과는 반대로 나쁜 제국주의, 지속적인 불공평과 불평등 등이다. 우리는 미국을 향한 과도한 찬사는 물론 일방적인 반미주의에 빠지지 않으면서 미국의 과거, 현재, 미래의 모습을 제대로 확인하고 싶다.

미국에 관한 데이터는 어느 분야든지 간단하게 입수할 수 있지만, 우리는 지도를 그린 시릴 쉬스의 귀중한 조언을 기초로, 가장 신뢰할 수 있는 것을 신중히 선택하되 기계적인 평균의 함정에 빠지지 않으려고 유의했다.

왜냐하면 평균을 기준으로 산출한 수치는 의미가 없는 경우가 많기 때문이다. 예를 들어 국토의 3분의 1이 무인 지대이고(예를 들어 알래스카), 미국인의 3분의 2가 인구 100만 명 이상의 대도시에 사는 나라에서 1㎢당 인구밀도가 36명이라고 해봐야 무슨 의미가 있을까?

또 우리는 여러 가지 척도를 적용해 분석하는 방식을 고수했다. 왜냐하면 하나의 척도를 통한 진실은 다른 척도로 볼 때 잘못된 경우가 많기 때문이다. 그리고 정해진 문제를 상식적인 관점에서만 주목하지 않으려고 했기 때문에 테마 선택에서는 혼란의 연속이었다. 최첨단의 혁신적 테마와 '피해 갈 수 없는' 전통적 주제 중에서 어느 것에 집중할지를 선별하는 문제는 확실히 어려운 일이었다!

말하자면 텍사스가 유전으로 발전해 가는 역사를 웅장하게 그린 명화 '자이언트'(조지 스티븐스 감독, 1957년 개봉), 인기 TV 드라마 '댈러스'(유전 개발로 부를 축적한 텍사스의 대부호 일가의 이야기)부터, 월가의 엘리트 정신병자의 살인을 묘사한 '아메리칸 사이코'(1991년 출간된 브렛 이스턴 엘리스 소설을 영화화)까지 어느 것을 선택하느냐와 같은 문제다.

따라서 독자들은 우리가 제시하는 미국과 미국인의 자화상을 통해 독립 이래 특징이 된 독창적인 낙관주의와 함께 지금까지 누적된 문제와 갈등의 뿌리도 경험하게 될 것이다. 이를테면 풍요로우면서도 뿌리부터 쓰러질 것 같은, 확실히 '겉모양만 거인'(일부 미디어에서도 코로나19 위기의 미국을 이렇게 묘사했다) 같은 것이다.

에 플루리부스 우눔(e pluribus unum) – '다수에서 하나로' 또는 '여러 주로 이루어진 통일 국가'를 뜻하는 라틴어로 미국의 국가 인장(印章)과 동전의 뒷면에 새겨진 건국 이념이다.

미국 전도

·북극점   0°
20° 0
40° 0
60° 0
0° 0 100° 0   80° 0

그리니치 경도선

엘즈미어섬

그린란드(덴마크)

아이슬란드

배핀해

데이비스 해협

빅토리아섬

배핀섬

레브라도해

허드슨만

11:00   캐나다

12:00

뉴펀들랜드섬

뉴욕이 섬머타임 때 정오가 되면,
하와이는 오전 7시,
(서울은 다음날 오전 1시)

에드먼턴

위니페호

생피에르
미클롱(프)

·새스커툰

·위니펙

선더베이

클리블랜드

쿼벡

메인

·레지나

수피리어호

몬트리올

오타와

뱅거

뉴햄프셔

노스다코타
비스마르크

덜루스

미네소타 위스콘신

미시간

토론토

보스턴

버몬트
메사추세츠

몬태나

미네아폴리스

휴런호

온타리오호

디트로이트

뉴욕

프로비던스

로드아일랜드

빌링스·

사우스다코타

밀워키

시카고

이리호

펜실베이니아

뉴욕

코네티컷

와이오밍

수 폴스

아이오와

인디

애나 오하이오

피츠버그

필라델피아

뉴저지

캐스퍼·

네브래스카

오마하·
링컨·

디모인

일리노이

콜럼버스·

메릴랜드 볼티모어

샤이엔·

인디애나폴리스

미주리

신시내티

웨스트

버지

워싱턴 D.C

델라웨어

트레이크

콜로라도

미국(미합중국)

캔자스

세인트루이스

버지니아

리치몬드

니아

티

덴버

캔자스
시티

스프링필드

켄터키

렉싱턴

노퍽

타

콜로라도
스프링

위치타

내슈빌

롤리

애리조나

산타페

오클라호마

아칸소

테네시

샬럿

노스캐롤라이나

닉스

알버커키

오클라호마
시티

리틀
록

멤피스

사우스캐롤라이나

투손

뉴멕시코

·러벅

미시시피

버밍엄

애틀랜타

컬럼비아

찰스턴

버뮤다 제도(영)

엘파소

달라스

루이지애나

잭슨

앨라배마

조지아

서배너

대서양

시우다드
후아레즈

텍사스

배턴루지

모빌

탤러해시

잭슨빌

리오 그란데강

오스틴·

뉴올리언스

데이토나 비치

누에보라레도

샌안토니오·

휴스턴

플로리다

올랜도·
탬파·

케이프커내버럴

몬테레이·

코퍼스크리스티·

바하마

마이애미

·나소

터크스
케이커스
제도(영)

버진아일랜드(미)

멕시코만

하바나

마타모로스·

푸에르토
리코(미)

산후안

멕시코

쿠바

아이티 산토도밍고

유카탄 반도

케이만 제도(영)

관타나모(미)

포르토
프랭스

도미니카 공화국

멕시코시티

자메이카

킹스턴

카리브해

1장

미국의 탄생과
민주주의의 발달

1장 들어가기

이민은 미국이라는 나라의 정체성과 발전을 견인함과 동시에 이 나라를 따라다니는 긴장과 분리할 수 없는 문제이다. 미국의 이민에는 노예 제도, 거의 소멸한 원주민, 주기적으로 제정된 이민 제한법 같은 어두운 이미지가 있다. 이것은 '인종의 도가니론(melting pot)'을 지지하는 이들이 동경하는 '새로운 아메리카'를 만드는 것이 얼마나 어려운지를 보여준다.

물론 긍정적인 이미지도 있다. 이민을 고려할 때 미국은 여전히 가장 매력적인 나라이며, 현재 세계 제일의 이민 수용국(난민 이외)이라는 점이다. 미국에서 국외로 나가는 이주자도 매우 적다.

미국은 유명한 서부 개척 시대가 보여주듯이 활발한 이민과 이주로 구축된 나라다. 그 덕분에 이 신생국은 독립전쟁을 통한 건국 초기부터 '건국의 아버지'들이 구상한 대로 민주국가로 발전할 수 있었다. 그들이 모델로 삼은 것은 정치적 자유(처음에는 백인 남성만 해당)와 경제적 자유를 기반으로 한 나라였다. 한편 현대의 이민은 대부분 대도시로 집중되고 있으며, 여전히 광대한 국토 대부분은 농촌 지역으로 남아 있다.

1장 정리하기

미국에서 지역 전체의 상관관계는 현재 변하고 있다. 건국의 기초가 된 북동부는 지금도 국가의 경제, 정치, 문화 전반에 걸쳐 가장 큰 영향력을 가지고 있다. 그러나 선 벨트(Sun belt, 태양이 비치는 지대)를 중심으로 남부와 서부에 에너지와 IT산업을 기반으로 하는 첨단경제 거점이 약진한 결과 지역 균형이 회복되고 있다. 또 소도시 일부도 반격을 꾀하며 지방의 매력을 앞세워 번영과 생존을 위해 노력하고 있다. 그렇지만 곳곳에서 막강한 혜택을 누리는 것은 여전히 대도시이다.

미국은 국민 다수가 수용한 자유주의의 가치를 최고로 내세우는 국가이다. 그런데도 다양성을 유지하면서 균일한 나라를 유지하려는 딜레마를 해소하기에는 아직 갈 길이 멀다. 인구 구성이 다양한데다 저마다 모국의 문화를 충실하게 지키려 하고 있기 때문이다. 그로 인해 인종 · 민족적 융합은 제자리걸음을 하고 있다.

미국은 인종적 다양성과 함께 광활한 대륙의 지리적 다양성이 가장 큰 특징이다. 도심의 초고층 빌딩이 만들어 낸 스카이라인, 농업 지대의 단조롭고 광활한 땅, 서부 분지의 끝없는 지평선, 거미줄처럼 연결된 고속도로, 연이어 펼쳐진 교외 풍경 등이 경이로운 파노라마를 만들어 낸다.

콜럼버스 신대륙 발견 이후, 영국인들이 식민지로 개척

원래 원주민들이 1만 년 이상 독특한 문화를 형성했던 북아메리카 대륙은 유럽의 이주민들이 도착하면서 급속하게 바뀌기 시작했다. 눈 깜짝할 사이에 자본주의 경제가 시행되면서 심층에서부터 변화가 일어날 수밖에 없었다. 조속한 독립을 열망했던 식민지의 백인들은 1783년 영국으로부터 독립을 획득했고, 이 기간에 거의 궤멸 상태가 된 원주민은 지금도 사회로부터 소외된 상태에 놓여 있다.

남쪽의 비옥한 땅은 국왕파, 북쪽의 열악한 땅은 청교도 차지

최초의 식민 세력인 스페인 정복자 콩키스타도르(conquistador)가 미국에 도착했을 때(1513년 유럽인 최초로 플로리다에 상륙), 그들이 정복한 곳은 미개한 세계가 아니었다.

2만 년 전(특히 1만 4,000년 전에서 1만 년 전 사이) 이른바 아메리카 원주민이라고 불리는 민족이 아시아에서 베링 해협을 건너 알래스카에 도착한 이래, 그들은 계속 남쪽으로 내려오면서 사냥과 수렵이나 식물 채집, 농업을 통해 북미 지역 풍경을 바꾸고 있었다.

사람들이 모여 살며 정주 사회가 형성되고 도시가 발달하면서(일리노이주 카오키아 지역에는 1150년경 2만 명이 살았는데, 이는 당시 런던의 인구보다 많

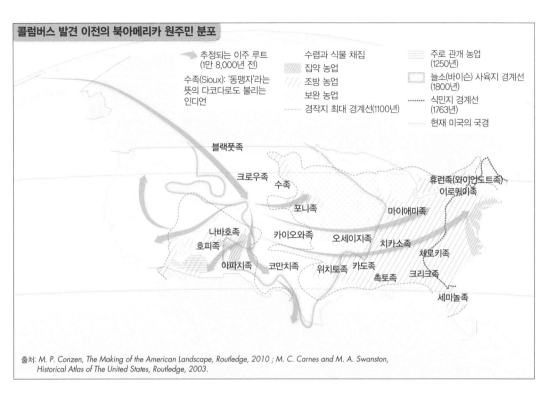

콜럼버스 발견 이전의 북아메리카 원주민 분포

추정되는 이주 루트
(1만 8,000년 전)

수족(Sioux): '동맹자'라는
뜻의 다코다로도 불리는
인디언

수렵과 식물 채집
집약 농업
조방 농업
보완 농업
경작지 최대 경계선(1100년)

주로 관개 농업
(1250년)
늘소(바이슨) 사육지 경계선
(1800년)
식민지 경계선
(1763년)
현재 미국의 국경

블랙풋족
크로우족   수족
포니족
나바호족   카이오와족
호피족
아파치족   코만치족   위치토족   카도족
오세이지족   치카소족
마이애미족
휴런족(와이언도트족)
이로쿼이족
채로키족
촉토족   크리크족
세미놀족

출처: M. P. Conzen, *The Making of the American Landscape*, Routledge, 2010 ; M. C. Carnes and M. A. Swanston, *Historical Atlas of The United States*, Routledge, 2003.

다), 치수 사업을 기반으로 한 문명이 남서부에서 번성하고 있었다.

처음엔 유럽 세력이 미국 동부 해안을 식민화하는 것이 매우 어려웠다. 플로리다 지역은 거의 버려진 상태였고, 1585년 노스캐롤라이나 로어노크섬에 건설하려던 영국 최초의 식민지도 10개월 만에 처참한 실패로 끝났다.

하지만 이후 영국인들은 자국의 경제적 이익에 맞춰 빠르게 식민지화를 진행해 나갔다. 북부에서는 스웨덴인과 네덜란드인을 추방했고, 남부에서는 17세기 말부터 루이지애나에 정착해 있던 스페인인과 프랑스인을 제압했다. 영국인들은 이런 방식으로 원주민의 땅을 차지해 번영을 일궜다. 열대성 기후인 남쪽의 비옥한 땅은 국왕파(영국 국교회)에게, 북쪽의 열악한 땅은 종교 문제로 추방된 자들(청교도나 퀘이커교도)에게 할당했다. 후자는 북아메리카에서 가장 열악하다고 여겨진 뉴잉글랜드(북동부 6개 주, 중심도시는 보스턴)였는데, 당시 이곳은 청교도들의 피난처였다.

영국인들은 이곳에서 이익을 극대화하기 위해 두 가지 형태의 경제 정책을 시행했다. 먼저 북부에서는 상업을 육성하는 것이었다. 당시 북동부에는 주요 도시와 항구가 집중되어 있었다. 그리고 남부에서는 노예제를 이용한 플랜테이션(plantation) 농업을 발달시켰다. 당시 식민지 13개 주의 인구는 얼마 되지 않았는데, 1790년 이전까지 전체 인구는 불과 95만 명, 이 중 36만 명이 강제로 잡혀 온 노예였다.

이처럼 남과 북의 서로 다른 토지 이용 방식은 문화적 측면에도 영향을 끼쳤고, 훗날 미국의 독립전쟁에서도 지휘부 구성의 중요 요소로 작용하게 된다. 예를 들어 독립전쟁의 발단은 북부의 보스턴이었는데, 전쟁을 지휘한 지도층은 주로 남부의 노예제 옹호파(조지 워싱턴, 토머스 제퍼슨)였다.

지금도 양쪽은 확실히 다른 문화와 풍경이 펼쳐진다. 북동부의 흰 목조로 된 집들이 모여 있는 마을과 남부의 신고전주의풍의 건물이 늘어선 웅대한 플랜테이션은 마치 2개의 사회가 서로 분리된 것처럼 보인다.

독립전쟁의 전조가 된 1773년의 '보스턴 차 사건'

13개 주 식민지 주민들이 영국으로부터 독립을 원했던 것은 자신들이 민주적으로 다뤄지지 않는다고 느꼈기 때문이다. 적어도 자유주의적 이상에 심취되어 있던 백인 남성들은 그렇게 판단했다. 이들로서는 날로 번영하는 이 지역의 경제를 스스로 주도하고 싶은 의지도 있었을 것이다.

독립전쟁의 전조가 된 1773년의 '보스턴 차 사건'(영국의 과도한 세금 징수에 반발한 식민지 주민들이 홍차 수입을 반대하기 위해 일으킨 사건)은 영국이 식민지에 부과한 상업세나 규제에 대항하는 폭동으로써 시작됐지만, 결국엔 영국의 간섭을 무조건 거부하는 시위로 발전했다. 2008년 이후 '티파티'라는 말은 무정부적 자유주의를 옹호하는 우파 리버타리안(Libertarian) 정당 운동에도 쓰이고 있다.

여러 번의 대륙회의(미국 13개 식민지 대표자 회의)와 전쟁을 거쳐 1776년 7월 4일 필라델피아에서 독립선언문이 발표됐다. 영국과의 전쟁을 계속한 신생 국가 미국은 프랑스의 원조를 받아 최종 승리했고, 1783년 파리 조약으로 독립을 인정받았다. 독립한 미국의 이상은 직접민주제와 경제적 자유주의이긴 했지만, 처음에는 백인 남성만을 위해 실행되었다는 것을 간과해서는 안 된다.

원주민들이 미국 시민으로 인정받게 된 것은 1924년부터

이 시기에 미국에서 원주민들에게 닥친 운명은 매우 가혹했다. 백인들이 정복하기 이전의 원주민 규모는 잘 알 수 없지만(200만~1,800만 명 추정), 1800년에는 600만 명에 불과했고(많은 수가 유럽인이 초래한 질병으로 사망), 1850년에는 40만 명으로 감소했다. 미국 인디언 전쟁을 거쳐 원주민 거류지로 강제 수용된 뒤인 1890년에는 24만 8,250명만 남았다. 원주민

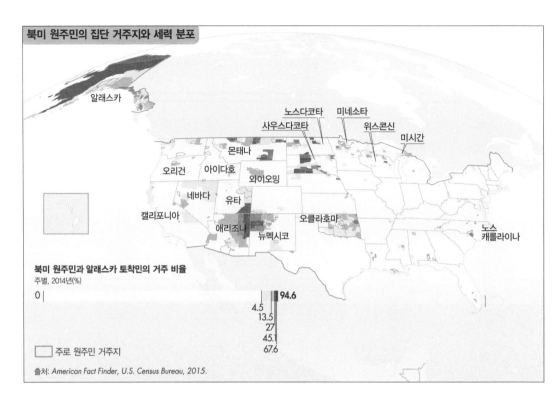

북미 원주민의 집단 거주지와 세력 분포

알래스카

노스다코타
사우스다코타
미네소타
위스콘신
미시간

몬태나
오리건
아이다호
와이오밍
네바다
유타
캘리포니아
애리조나
뉴멕시코
오클라호마
노스
캐롤라이나

북미 원주민과 알래스카 토착민의 거주 비율
주별, 2014년(%)

0 | | 94.6
                                4.5
                                13.5
                                27
                                45.1
                                67.6

☐ 주로 원주민 거주지

출처: *American Fact Finder, U.S. Census Bureau, 2015.*

들이 미국 시민으로 인정받게 된 것은 1924년이 되어서다. 그 이전에는 시민권 취득조차 어려웠다.

이후 두 차례의 세계대전에 참여한 공로를 인정받고, 1970년대 이후 정체성 유지와 정치 참여를 요구하는 운동이 이어지면서 562개 부족으로 분열된 아메리카 원주민의 수는 겨우 증가세로 돌아섰다. 1930년 33만 2,000명이었던 원주민들은 2019년 현재 425만 명까지 늘어났다. 인구조사에서 '2개 이상의 인종'으로 등록하는 원주민까지 포함하면, 그 수는 680만 명에 달해 전체 인구의 2.1%를 차지한다. 이것은 원주민 사회가 어느 정도 재건됐다는 증거로도 볼 수 있다.

덧붙이자면 원주민의 78%는 과거 거류지를 떠났는데, 그곳의 생활환경이 상당히 악화하고 있는 데다가 알코올 중독이나 실업, 빈곤, 위생 등 사회적 대우도 열악했기 때문이다. 또한 범죄율도 높아서 다른 지역의 2.5배나 되는데, 국제앰네스티에 따르면 원주민 여성 3명 중 1명이 일생에 한 번은 강간 피해자가 됐다.

그래도 광업이나 관광, 카지노(1988년 인가)의 혜택을 누리는 덕분에 번영하고 있는 지역도 있다. 예를 들어 나바호족은 30만 명이나 되는 대형 부족인데, 7만㎢의 거류지 내에 있는 모뉴먼트 밸리(Monument Valley, 콜로라도고원에 있는 사암 덩어리로 이루어진 유명한 계곡)를 관리한다. 하지만 이런 번영을 누리는 것은 소수의 부족뿐이다. 특히 몇몇 원주민 성지에 걸쳐 있는 광산은 지금도 분쟁의 씨앗이 되고 있다.

서부 개척과 남북전쟁으로 미국 건국이 완성되었다!

독립한 미국이 서부를 정복하는 데는 한 세기로 충분했다. 타운십 제도(측량에 따른 토지 분할 제도)라는 계획 과정을 잘 이행한 덕분이다. 이것은 연방에 포함되는 주(州)를 늘려 백인의 민주주의 범위를 확장하는 정책으로써, 국토의 질서정연한 개발을 슬로건으로 내세웠다. 이 과정은 '프런티어(서부의 개척지와 미개척지의 경계선)'라는 전설적인 단어로 포장하고 있지만, 실제로는 원주민의 권리 부정과 남북전쟁(1861~1865년)까지의 혼란과 충돌로 이어졌다.

미국 역사상 가장 많은 75만 명이 사망한 남북전쟁

미국은 독립 초기부터 영토 내 조직화에 힘썼다. 독립의 모태가 된 13개 식민지 주민들은 광대한 영토를 차지했지만, 인구는 상대적으로 적었다. 1790년 실시한 최초의 인구조사에 따르면 인구는 390만 명, 그중 흑인은 76만 명으로 92%가 노예였다.

한편 원래 식민지에 속했다가 신생국 미국의 주로 편입된 지역들은 애팔래치아산맥 너머 북서부 지방에 정부 조직을 조속히 수립해달라고 요구했다. 이들 지역은 1776년 독립전쟁 이전에는 영국에 속했다가 1783년 파리조약으로 미국에 할양됐는데, 아직 정식으로 미국 정부가 취득하지는 않은 상태였다.

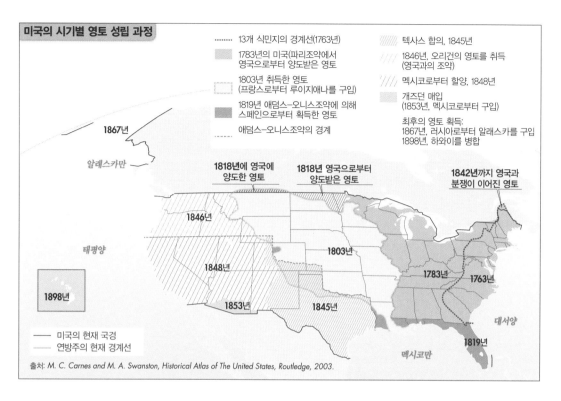

미국의 시기별 영토 성립 과정

········ 13개 식민지의 경계선(1763년)

1783년의 미국(파리조약에서
영국으로부터 양도받은 영토

1803년 취득한 영토
(프랑스로부터 루이지애나를 구입)

1819년 애덤스-오니스조약에 의해
스페인으로부터 획득한 영토

------ 애덤스-오니스조약의 경계

텍사스 합의, 1845년

1846년, 오리건의 영토를 취득
(영국과의 조약)

멕시코로부터 할양, 1848년

개즈던 매입
(1853년, 멕시코로부터 구입)

최후의 영토 획득:
1867년, 러시아로부터 알래스카를 구입
1898년, 하와이를 병합

1867년

알래스카만

1818년에 영국에
양도한 영토

1818년 영국으로부터
양도받은 영토

1842년까지 영국과
분쟁이 이어진 영토

1846년

태평양

1848년

1853년

1803년

1845년

1783년

1763년

1898년

대서양

1819년

멕시코만

── 미국의 현재 국경
── 연방주의 현재 경계선

출처: M. C. Carnes and M. A. Swanston, Historical Atlas of The United States, Routledge, 2003.

여기서 중요했던 것은 미국만의 개발 방식과 정치적 특성을 명확히 하는 것이었다. 1787년 '북서부 조례(Northwest Ordinance)'에 따라 북서부 영역에는 식민지가 아닌 여러 개의 연방제 주가 창설됐고, 행정 권한은 미국 정부가 갖게 되었다.

원주민에 대해서는 오스트레일리아의 원주민(애버리진)처럼 법적으로 부정되지 않고 조약에 의해서 권리가 유지됐지만, 실제로는 이후 만들어지는 각종 조약에 의해서 권리가 부인되거나 제한됐다. 그래서 강제 이주나 무분별한 전쟁을 거쳐 1830년대부터는 가장 척박한 토지로 배정된 거류지에 원주민을 고립시키는 정책이 조직적으로 시행됐다.

신생 정부는 영토를 확대하는 데도 적극적이었고, 1808년 노예무역이 폐지됐음에도 불구하고 노예 제도 자체는 일부 지속됐다.

애초에는 노예제에 찬성하거나 반대하는 주의 숫자가 거의 같아 미묘하게 정치적 균형이 유지됐지만, 마침내 그 균형이 무너지면서 미국은 1861년 두 개의 대립하는 연합체로 분열됐다. 남군과 북군이 싸운 남북전쟁의 사망자는 75만 명(인구의 2%)으로 미국 역사상 가장 많은 사망자를 낸 전쟁이었다. 4년간의 격렬한 전투 끝에 1865년 북부가 최종 승리하면서 노예 제도는 폐지됐다.

이 전쟁은 지금도 여전히 미국인에게는 살아 있는 역사나 다름이 없다. 남북전쟁 최대의 격전(1863년 게티즈버그 전쟁, 사망자 7,863명)은 영화화(1993년)되었고, 남북전쟁 150주년(2011년)에는 현지에서 당시 전투 장면을 재연하는 행사도 개최되었다.

또한 유명한 소설 '바람과 함께 사라지다'(1936년 간행, 1939년 영화화)는 세계적으로 공전의 히트를 기록했고, '남과 북'(North and South, 1985~1994년)처럼 여러 차례 TV 드라마를 통해서도 재현되었다. 참고로 남군의 군기는 남부에 사는 백인의 75%에게 자부심의 표시, 흑인 75%에게는 인종차별의 상징이 되고 있다.

정착민에게 땅을 무상으로 제공한 '타운십 제도'로 서부 개척

서부 식민지화는 '타운십(township)' 제도의 실행을 염두에 두고 1785년부터 준비됐다. 이는 정착민에게 팔거나 무상으로 제공될 땅을 측량한 뒤

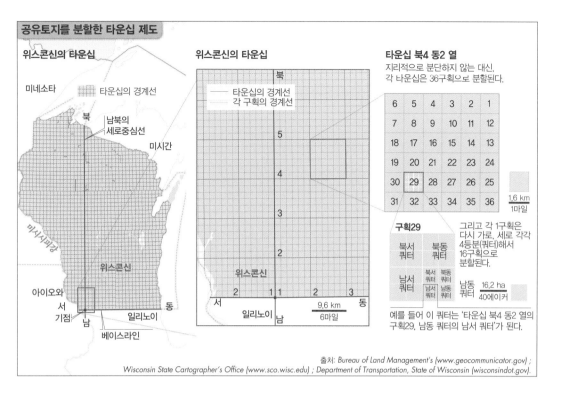

공유토지를 분할한 타운십 제도

위스콘신의 타운십

미네소타

▦ 타운십의 경계선

북

남북의
세로중심선

미시간

미시시피강

위스콘신

아이오와

서
기점 남 동

일리노이

베이스라인

위스콘신의 타운십

── 타운십의 경계선
┈┈ 각 구획의 경계선

북

5

4

위스콘신

2 1 1 2 3
서 동

일리노이 남

9,6 km
6마일

타운십 북4 동2 열

지리적으로 분단하지 않는 대신,
각 타운십은 36구획으로 분할된다.

6	5	4	3	2	1
7	8	9	10	11	12
18	17	16	15	14	13
19	20	21	22	23	24
30	29	28	27	26	25
31	32	33	34	35	36

1,6 km
1마일

구획29

북서 쿼터	북동 쿼터
남서 쿼터	남동 쿼터

그리고 각 1구획은
다시 가로, 세로 각각
4등분(쿼터)해서
16구획으로
분할된다.

16,2 ha
400에이커

예를 들어 이 쿼터는 '타운십 북4 동2 열의
구획29, 남동 쿼터의 남서 쿼터'가 된다.

출처: Bureau of Land Management's (www.geocommunicator.gov) ;
Wisconsin State Cartographer's Office (www.sco.wisc.edu) ; Department of Transportation, State of Wisconsin (wisconsindot.gov).

바둑판 모양으로 나눠 15.54㎢를 단위(타운십)로 구성하는 것이다. 그리고
다시 이를 나눠서 1개 농가가 정상적으로 생활하는 데 필요하다고 여겨진
160에이커(64헥타르＝약 0.64㎢)를 균등하게 보유할 수 있도록 하는 것을
기반으로 하고 있다.

이 제도는 전국 대부분에서 시행됐는데, 예외는 최초의 13개 식민지와
이 제도가 시행되기 전에 창설된 2개 주(1792년 켄터키주, 1796년 테네시주),
그리고 텍사스주(1836년부터 10년간은 독립국인 텍사스 공화국이었다)였다. 이
바둑판같은 분할의 법적·이데올로기적 근거가 된 것은 태평양 연안까지
과감히 진출한 탐험대(1804~1806년 메리웨더 루이스와 윌리엄 클라크 탐험대가

유명)와 측량 기사, 종합 토지 사무소 집단이 실시한 측량 작업이었다. 덕분에 영토의 질서 있는 식민지화가 가능하게 됐다.

전쟁과 매입으로 북아메리카 전역으로 국토를 확장

프런티어라는 말은 미국 서부 개척을 특징짓는 단어로 건국의 중요한 상징 중 하나이다. 이것은 눈앞에 개척할 수 있는 토지가 있다는 '경계선'을 의미하는데, 미래와 진보, 그리고 끝없이 펼쳐진 토지에 대한 미국인의 신앙을 다시 생각하게 한다. 또한 문명과 야만의 경계선을 상징하면서 정복을 정당화하는 도구로 활용하기도 한다.

이 개념은 서부 개척을 '신이 부여한 사명'이라는 이데올로기로 포장이 되었는데, 그것은 '고 웨스트 영 맨(Go West Young Man, 젊은이여 서부로 가라)'이라는 유명한 슬로건이 됐다. 그래서 돈다발과 무기를 쥐고 다른 국가나 원주민의 영토를 향한 정복욕을 실현해나간 것이다.

1803년 제3대 대통령 토머스 제퍼슨이 미시시피강 일대 무역을 지배하기 위해 루이지애나를 사들이면서 미국의 영토는 일거에 두 배가 됐다. 미국은 기세를 몰아 스페인의 통치가 느슨해진 지역과 약체 이웃국 멕시코가 지배하던 지역도 공략했다.

그 결과, 1819년 스페인으로부터 전쟁 배상으로 플로리다를 양도받았고, 1835년엔 멕시코령 텍사스에서 미국인들이 무장봉기를 일으키면서 텍사스 독립전쟁이 시작됐다(유명한 '알라모 성채' 공방전).

그 결과 1836년 멕시코로부터 독립한 텍사스는 10년 뒤인 1845년 자발적으로 미국과의 병합을 결정했다. 1848년 멕시코는 현재의 미국 남서부에 해당하는 영토를 강제로 양도해야 했고, 1853년에는 7만 6,800㎢의 토지를 미국에 매각했는데 바로 이것이 유명한 '개즈던 매입(Gadsden Purchase)'이다. 이 땅은 미국이 애리조나 남부에 대륙횡단철도를 건설하는 데 필요했다. 이로써 미국의 남쪽 국경이 최종 결정됐다.

한편 북쪽 국경은 영국과 2차례에 걸쳐 조정됐다. 1818년에는 영국령 캐나다와 북위 49도를 경계선으로 영토를 교환했고, 1846년에는 영국과 공동 관리하던 오리건 지역을 양도받았다. 미국은 이를 통해 국경을 태평양까지 연장했다.

남북전쟁이 끝나고 재통일된 미국은 1867년 러시아에서 사들인 알래스카를 더해 영토를 북극권으로 확장했다. 1898년 하와이가 식민지화됐고, 같은 해 미국 · 스페인 전쟁에서 패배한 스페인으로부터 양도받은 푸에르토리코가 코먼웰스(Commonwealth, 자치령)의 형태로 미국 영토가 됐다.

이주민, 주로 백인들은 이 광대한 공간을 빠른 속도로 개척했지만, 동시에 그것은 불완전한 개척이기도 했다. 왜냐하면 많은 지역은 여전히 인구가 적고 개발이 안 된 상태였기 때문이다. 특히 알래스카와 광맥 고갈로 광산촌이 소멸한 서부 산맥지대, 강수량이 적은 그레이트 플레인스(대평원)의 서부와 북부 지역 등이 그랬다. 1890년 인구 총조사는 공식적으로는 미개척 영역의 소멸을 보고했다.

연방정부와 주 사이에
통치와 자치의 줄다리기

미국의 역사가 흐르는 동안 연방정부와 연방을 형성하는 주의 권리 분배 문제는 여전히 완벽한 해답을 찾지 못하고 있다. 헌법은 해석에 따라 모순이 생기기 쉽기 때문이다. 1929년의 세계공황이나 전쟁 등 역사적 비상사태에는 연방정부가 유리하게 운영되었지만, 최근에는 자유주의 바람에 따라 주 정부의 이익을 따르도록 연방정부의 권한을 줄이는 경향이 있다.

50개 주 각자의 헌법은 미합중국의 헌법에 합치되어야 한다

미국 헌법은 1787년 연방정부와 주의 권한 분배를 놓고 치열한 논쟁을 벌인 끝에 승인되었지만, 이를 둘러싼 논란은 아마도 영원히 가라앉지 않을 것이다. 연방정부에 속한 특권과 같이 특정 권한이 어느 한쪽에 독점적으로 속해 있는가 아닌가와 같은 문제가 보완과 타협의 원칙에 따라 분배되면서 미국 헌법은 마치 얼룩무늬가 새겨진 대리석 모양을 하고 있다.

50개 주는 각각의 헌법을 가지며, 그 조항은 모두 미합중국의 헌법에 합치되어야 한다. 참고로 인권을 규정한 권리장전은 미합중국 헌법에 수정 조항으로 추가된 것이며(최초 10개 조는 1791년에 승인됐다), 모든 정치 체제에서 적용된다.

연방정부와 주가 가지는 특권과 권한의 배분

권한 분배

- 법안 가결 및 엄수
- 재판소 설치
- 조세의 제정 및 징수
- 자금 대출
- 은행과 기업을 위한 헌장 제정
- 도로 건설
- 국민 만족도 개선을 위한 자금 사용
- 공정한 보상을 통한 사유재산 취득(법적으로 인정)

연방정부의 특권

- 헌법을 적용하는데 필요한 법안 가결
- 화폐 주조(지폐와 동전)
- 우체국 설치와 우표 제작
- 외국과의 조약을 승인
- 각국 간의 상거래와 국제무역의 규제
- 군대와 해군의 배치
- 전쟁과 포고

주의 특권

- 미국 헌법의 수정안 승인
- 선거의 실시
- 지방자치제의 창설
- 허가증의 발행 (운전면허증, 사냥면허, 결혼증명서 등)
- 주 내부의 상행위와 규제
- 공중위생 및 치안 보호
- 국가의 허가없이도 주 내에서 금지되지 않은 권한 행사 (음주 및 흡연의 법정연령 결정 등)

미국은 50개의 주를 통해 형성되는 연방국이며, 주 정부는 연방정부와 같은 원칙에 따라 조직된다. 지사는 대통령, 부지사는 부통령에 해당하며, 주 대법원도 있다. 입법부 또한 양원제로 하원의원과 상원의원이 있다. 다만 네브래스카만은 이 원칙에서 벗어나 1936년 이래 일원제를 고수하고 있다. 참고로 연방정부는 각 주에서 2명씩 상원의원을 선출하며, 주의 인구에 비례해 뽑는 하원의원의 수보다는 적다.

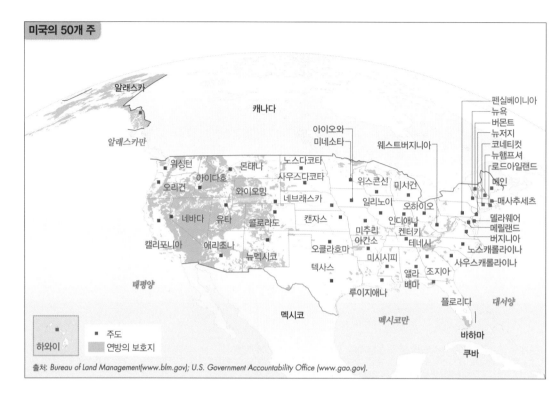

미국의 50개 주

알래스카
캐나다
알래스카만
펜실베이니아
뉴욕
버몬트
뉴저지
코네티컷
뉴햄프셔
로드아일랜드
아이오와
미네소타
웨스트버지니아
워싱턴
몬태나
노스다코타
사우스다코타
위스콘신
미시건
메인
아이다호
오리건
와이오밍
네브래스카
일리노이
오하이오
매사추세츠
델라웨어
메릴랜드
버지니아
네바다
유타
콜로라도
캔자스
인디애나
켄터키
네바다
캘리포니아
애리조나
뉴멕시코
오클라호마
미주리
아칸소
테네시
노스캐롤라이나
사우스캐롤라이나
텍사스
미시시피
앨라
배마
조지아
루이지애나
태평양
멕시코
멕시코만
플로리다
대서양
바하마
쿠바
하와이

■ 주도
▨ 연방의 보호지

출처: Bureau of Land Management(www.blm.gov); U.S. Government Accountability Office (www.gao.gov).

연방정부가 국립공원이나 국유림 지정 등 국토의 29%를 소유

　미국인 개인은 연방정부와 현재 거주하고 있는 주의 시민이다. 또 워싱턴 D.C.가 연방정부의 수도로서 연방을 상징하는 것처럼 50개 주의 각 주도(州都)는 그 주를 상징하고 있다. 국회의사당 등 신고전주의로 건축된 웅장한 건물들은 시민에게 봉사하기 위한 장소이며, 내부를 무료로 관람할 수 있다. 덧붙여 거대한 둥근 돔이 특징인 연방 의회 의사당은 많은 주 의회 의사당의 모델이 됐다.

　각 주의 권한은 연방 의회나 대법원이 헌법을 단계적으로 확대해석함으

미국의 주와 주도

미국의 주	주도	미국의 주	주도
네바다	카슨시티	아칸소	리틀록
네브래스카	링컨	알래스카	주노
노스다코타	비즈마크	애리조나	피닉스
노스캐롤라이나	롤리	앨라배마	몽고메리
뉴멕시코	샌타페이	오리건	세일럼
뉴욕	올버니	오클라호마	오클라호마시티
뉴저지	트렌턴	오하이오	콜럼버스
뉴햄프셔	콩코드	와이오밍	샤이엔
델라웨어	도버	워싱턴	올림피아
로드아일랜드	프로비던스	웨스트버지니아	찰스턴
루이지애나	배턴루지	위스콘신	매디슨
메사추세츠	보스턴	유타	솔트레이크시티
메릴랜드	아나폴리스	인디애나	인디애나폴리스
메인	오거스타	일리노이	스프링필드
몬태나	헬레나	조지아	애틀랜타
미네소타	세인트폴	캔자스	토피카
미시간	랜싱	캘리포니아	새크라멘토
미시시피	잭슨	켄터키	프랭크퍼트
미주리	제퍼슨시티	코네티컷	하트퍼드
버몬트	몬트필리어	콜로라도	덴버
버지니아	리치먼드	테네시	내슈빌
사우스다코타	피어	텍사스	오스틴
사우스캐롤라이나	컬럼비아	펜실베이니아	해리스버그
아이다호	보이시	플로리다	탤러해시
아이오와	디모인	하와이	호놀룰루

로써 상대적으로 줄어들었다.(남북전쟁 이후나 정부가 시장 경제에 적극적으로 간섭한 뉴딜정책 등)

최고의 판단 기준이 된 것은 각 주간의 비경쟁 조항(예를 들면 1964년의 공민권법으로 그전까지는 주에 따라 제각각)인데, 연방정부가 소유하는 국토의 비율이 크다는 점에서도 각 주의 권한은 줄어든 셈이다. 사실 연방정부는 1890년 '프런티어'가 더는 남아 있지 않았을 때도 보유지를 내놓지 않았고, 지금도 국토의 29%를 소유하고 있다. 국유지가 집중된 곳은 알래스카나 서부(방목과 광업권을 이유로 들고 있다)의 황무지 지대이며, 네바다주도 80% 이상은 연방정부 소유지이다.

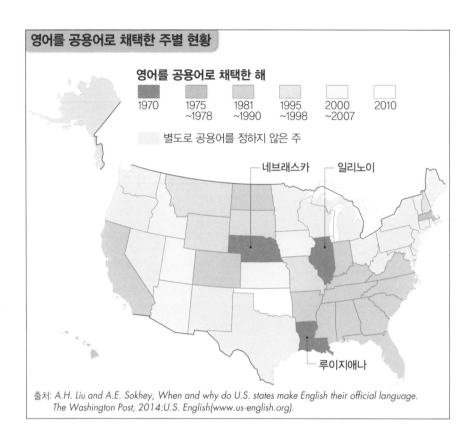

영어를 공용어로 채택한 주별 현황

영어를 공용어로 채택한 해

1970　1975　1981　1995　2000　2010
　　　 ~1978 ~1990 ~1998 ~2007

별도로 공용어를 정하지 않은 주

네브래스카　일리노이

루이지애나

출처: A.H. Liu and A.E. Sokhey, When and why do U.S. states make English their official language. The Washington Post, 2014:U.S. English(www.us-english.org).

　환경 정책에서도 동식물 보호나 공해 대책 등을 명분으로 국립공원이나 국유림이 확대되면서 주 정부가 관리하는 곳은 축소되고 있다. 이러한 조치는 현지에서 부정적으로 받아들여지는 경우가 많은데, 그 좋은 예가 2016년 2월 오리건주의 멀루어(Malheu) 국유림을 일부 과격 집단이 점거한 사건이다. 무장한 사육업자들이 국유림 부지를 돌려달라고 한 것이다.

　연방정부의 국고 적자, 1980년대 시장 원리주의의 복귀, 연방제의 신용 실추 등이 발생하면서 각 주는 더 많은 권한의 귀속을 요구했다. 이제는 철도나 광업개발에서 국가의 합동기업 정도로 전락하고 싶지 않다고 호소한 것이다. 이런 움직임은 식민지 시대부터 있었던 직접민주제에 대한 욕구에 의한 것이다. 따라서 미국 정치에서 핵심은 주 단위의 자치 수준에서 찾아볼 수 있다고 할 수 있다.

이에 따라 각 주는 권한이 부여된 모든 분야, 예컨대 학교의 커리큘럼이나 낙태 규제법 등에서 자치의 여지를 찾아내려고 애쓰는데 후자의 경우는 캔자스주가 가장 보수적인 편이다.

또한 공용어(미국은 법으로 규정한 공용어가 없다)로 영어를 채택한 곳은 31개 주며, 이 중 27개 주는 1980년대부터 실시됐다. 그중에는 연방정부의 특권을 침해하는 주도 있고, 텍사스주처럼 외국에 재외공관을 창설하거나, 애리조나주처럼 이민에 대한 연방정부의 결정에 반대하는 주도 있다.

이민의 나라 미국에서
인종과 민족 갈등이 심각

미국은 이민으로 만들어진 나라다. 지금도 세계 제일의 이민 수용국이지만, 건국 당시의 정신과 이상이 살아 숨 쉬고 있는지 늘 의심받는 실정이다. 동화 정책이 제대로 작동하지 않으면서 미국은 각 민족의 정체성에 의해 정치, 문화적으로 분화되고 있다. 최근에는 상황이 진전됐다고는 하지만, 여전히 인종차별 논란은 미국 사회의 뜨거운 감자로 존재한다.

17세기부터 19세기 말까지의 이민자들은 유럽계 기독교인들

원주민이 베링 해협을 건너 이 땅에 온 이래 최초의 이민자들이 16세기 유럽(영국)에서, 그 뒤를 이어 17세기 아프리카에서 오기까지 무려 1만 년 이상의 세월이 흘렀다.

이민의 역사는 원주민을 정복하고 아프리카 흑인을 노예를 부리는 일이 동시에 진행됐다. 이렇게 만들어진 지배-피지배 관계는 국가 건설의 초기부터 형성되었고, 인종차별과 불평등 문제가 해결되기엔 여전히 갈 길이 멀다는 것도 부인할 수 없는 사실이다.

17세기부터 19세기 말까지의 이민자들은 주로 개신교와 가톨릭교도들로서 영국, 독일, 북유럽에서 대부분 자발적 의지로 이주를 한 경우다.

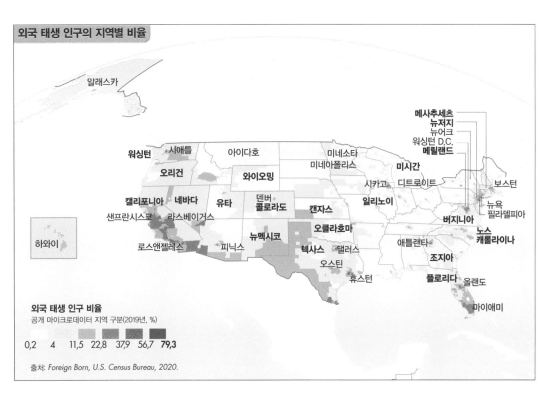

외국 태생 인구의 지역별 비율

알래스카

워싱턴 시애틀 아이다호 미네소타
미네아폴리스
오리건 와이오밍 미시간
캘리포니아 네바다 유타 덴버 시카고 디트로이트
샌프란시스코 라스베이거스 콜로라도 캔자스 일리노이
로스앤젤레스 피닉스 뉴멕시코 오클라호마 버지니아
텍사스 노스
오스틴 캐롤라이나
휴스턴 조지아
플로리다 올랜도
마이애미

메사추세츠
뉴저지
뉴어크
워싱턴 D.C.
메릴랜드
보스턴
뉴욕
필라델피아
애틀랜타

하와이

외국 태생 인구 비율
공개 마이크로데이터 지역 구분(2019년, %)

0.2   4   11.5   22.8   37.9   56.7   **79.3**

출처: *Foreign Born, U.S. Census Bureau, 2020.*

1880년 이후에는 초기 이주민과는 다른 동유럽과 남유럽 출신이 많아지면서 새로운 개념의 융화정책이 탄생했다. '멜팅팟(Melting Pot, 용광로)'이라는 단어로 각 민족이 융화되는 '인종의 도가니'를 미국의 새 정체성으로 만들려 했다.

이후에도 세계 각지로부터 이민의 물결은 계속되었고, 1880년~1920년 사이 미국은 220만 명 가까이 받아들였다. 주로 노동력 확보와 광대한 국토 관리에 필요한 인구를 유지하기 위해서였다.

그러나 이민의 급증에 따른 문제와 함께 제1차 세계대전 후 고립주의 정책을 강화하면서 1921년부터 1924년까지 잇달아 이민법이 통과돼 연간 이민 수용 한도가 엄격하게 제한되었다. 이러한 법률들과 1929년의 대공황으로 이민은 감소하고 대신 자연증가가 인구 증가의 원동력이 되었다.

이민법이 폭넓게 완화된 것은 1965년에 이르러서다. 그리하여 대규모의 이민자(주로 임금과 학력 수준이 낮은 노동자)들이 다시 들어오게 되었는데, 신분이나 출신지가 완전히 달라졌다. 그동안 이민의 주류를 이루었던 유럽을 대신해 아시아와 라틴아메리카에서 거의 같은 규모의 이민자들이 몰려온 것이다. 특히 멕시코가 가장 많았지만, 지금은 점점 감소하고 있다.

1995년부터 2016년까지 이민에 의한 인구 증가(순 이민수, 불법 이민 제외)는 연간 약 120만 명이 됐지만, 이후엔 인구의 자연증가(2019년에 처음 100만 명 아래로 떨어졌다)와 마찬가지로 감소세로 돌아섰다.

다양한 '인종'과 '민족'으로 구성된 미국의 정체성은?

불법 이민을 비롯해 소수 인종과 민족의 유입이 급격히 증가하자, 1990년대부터 부유한 개신교 백인(1960년대부터 화이트, 앵글로색슨족, 개신교를 합성해 WASP로 부른다)의 '가치'를 지킨다는 구실로 국경 폐쇄를 요구하는 목소리가 높아지고 있다. 사실 미국에서는 '인종'과 '민족'(생물학적이 아닌 정치적 구분)이 통계 항목에 삽입되어 국가의 정체성을 드러내는 하나의 표지가 되었다.

미국은 제1차 인구 총조사(1790년)부터 미국 시민(백인)과 시민이 아닌

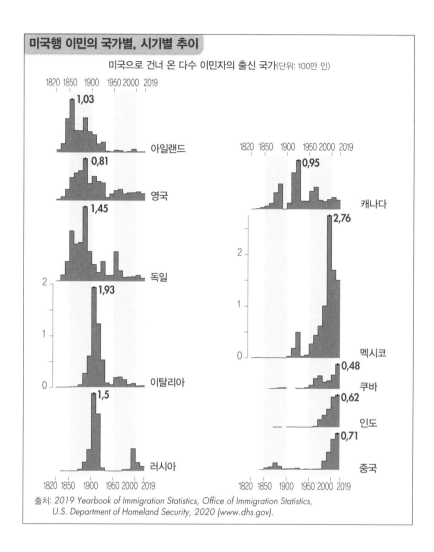

미국행 이민의 국가별, 시기별 추이

미국으로 건너 온 다수 이민자의 출신 국가(단위: 100만 인)

아일랜드 1,03
영국 0,81
독일 1,45
이탈리아 1,93
러시아 1,5

캐나다 0,95
멕시코 2,76
쿠바 0,48
인도 0,62
중국 0,71

출처: *2019 Yearbook of Immigration Statistics, Office of Immigration Statistics, U.S. Department of Homeland Security, 2020 (www.dhs.gov).*

사람(흑인)을 구분해 처음부터 두 개의 '인종'으로 구분했다. 흑인이 명목상의 시민이 된 것은 1865년 노예제가 폐지되면서였고, 실질적으로는 그로부터 1세기 후 1964년의 공민권법이 제정되면서였다. 또, 원주민에게 시민권이 부여된 것은 겨우 1924년(인디언 시민권법, Indian Citizenship Act)이

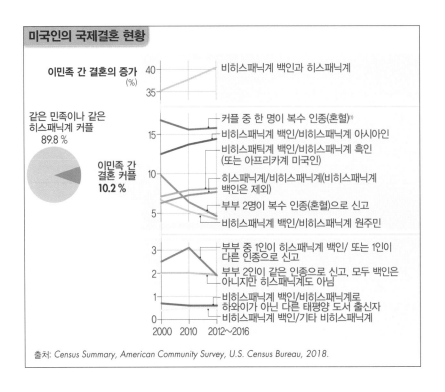

미국인의 국제결혼 현황

이민족 간 결혼의 증가
(%)

비히스패닉계 백인과 히스패닉계

같은 민족이나 같은
히스패닉계 커플
89.8 %

이민족 간
결혼 커플
10.2 %

커플 중 한 명이 복수 인종(혼혈)[1]
비히스패닉계 백인/비히스패닉계 아시아인
비히스패틱계 백인/비히스패닉계 흑인
(또는 아프리카계 미국인)
히스패닉계/비히스패닉계(비히스패닉계
백인은 제외)
부부 2명이 복수 인종(혼혈)으로 신고
비히스패닉계 백인/비히스패닉계 원주민

부부 중 1인이 히스패닉계 백인/ 또는 1인이
다른 인종으로 신고
부부 2인이 같은 인종으로 신고, 모두 백인은
아니지만 히스패닉계도 아님
비히스패닉계 백인/비히스패닉계로
하와이가 아닌 다른 태평양 도서 출신자
비히스패닉계 백인/기타 비히스패닉계

2000   2010   2012~2016

출처: Census Summary, American Community Survey, U.S. Census Bureau, 2018.

다. 그 후 인구 다양화와 함께 새로운 인종이 추가되어 히스패닉계, 아시아계가 차례로 포함됐다.

미국인은 또한 출신 민족으로도 구분되는데, 140개의 민족이 같은 언어로 묶여 있다. 가장 힘이 있는 것은 독일계(5,000만 명)이며, 아일랜드계(3,550만 명), 영국계(2,700만 명)가 뒤를 잇고, 그다음이 순수 미국계(2,000만 명)이다. 이는 자진 신고제로 이뤄지는데, 미국계라는 답변이 늘어난다는 것은 스스로 미국인이라고 느끼는 인식이 넓어지고 있음을 알 수 있다. 2000년대 이후의 인구 총조사에서는 혼혈이 늘어난 사회 변화를 고려해 새로운 카테고리가 추가되어 '2종 이상의 복수 인종'(900만 명)이라는 항목이 새로 만들어졌다.

미국은 정말 혼혈 사회로 이행되는 중일까? 몇몇 눈에 띄는 징후가 있다. 버락 오바마의 당선, 비백인계 대중 스타(할리 베리, 드웨인 존슨 등), 이민족 간 결혼(출신 민족에 따라 큰 차이가 있다)의 급증 등을 보면 그렇게 볼 수 있다.

하지만 멕시코같이 완전한 혼혈 국가로 정의하기엔 아직 갈 길이 멀다. 백인 기독교인이 여전히 많은 권한을 장악하고 있으며, 복구 정책(차별을 적극적으로 시정하는 조치나 행동)을 취하고 있음에도 불구하고 아메리카 원주민과 흑인들은 여전히 '다른 인종'으로 차별받고 있다. 2040년경 백인이 소수파가 된다는 사실이 백인층에 다문화 공존에 대한 인정보다는 초조함을 가지고 인종차별을 부추기는 요인으로 작용하고 있다.

미국 도시화의 역사가 세계 대도시의 발전 모델

미국인의 3분의 2는 59개 구역, 인구 100만 명 이상의 대도시권에 살고 있다. 주요 도시는 국가 경제의 매우 큰 부분을 차지하며 세계화의 중심이 되고 있다. 그 상관관계를 보면 선 벨트의 약진과 함께 북동부가 여전히 강력한 위치에 있음을 알 수 있고, 증권 시장은 뉴욕이 압도적인 우위를 점하고 있다. 도시화가 진행되면서 각 도시는 물론 도시 내부의 모든 단계에서 재편성이 이루어지고 있다.

FIRE 분야는 대도시가 가진 영향력의 기반으로 주목

대도시란 인구가 매우 많은 도시로 다른 대도시와 국내외 네트워크를 통해 경제사령탑 역할을 하는 곳이다.

미국에서는 이미 1950년대부터 대도시화 현상이 나타났고, 이후 세계화의 흐름을 타고 가속화되었다. 강력한 대도시는 기업화된 지자체나 연방정부와의 계약사업 등 공공 기관과 민간 기업, 대학 간의 높은 연계로 이루어져 있으며, 이를 뒷받침하는 것이 경제의 금융화와 도시의 마케팅 전략이다. 이른바 FIRE 분야(금융-보험-부동산, Finance-Insurance-Real Estate)와 지식경제(신흥 하이테크 도시 오스틴이 대표적), 보건위생 등이 대도시가 가진 영향력의 기반으로 주목받고 있다.

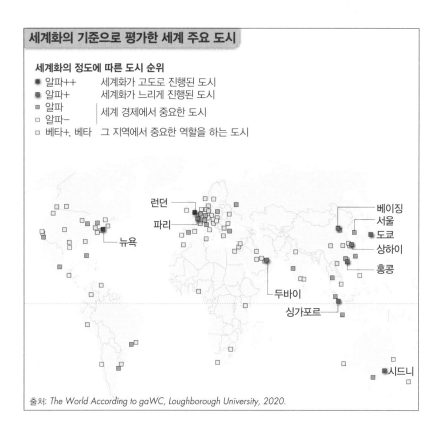

세계화의 기준으로 평가한 세계 주요 도시

세계화의 정도에 따른 도시 순위

- 알파++   세계화가 고도로 진행된 도시
- 알파+   세계화가 느리게 진행된 도시
- 알파
- 알파−   세계 경제에서 중요한 도시
- 베타+, 베타   그 지역에서 중요한 역할을 하는 도시

런던
파리
뉴욕
베이징
서울
도쿄
상하이
홍콩
두바이
싱가포르
시드니

출처: The World According to gaWC, Loughborough University, 2020.

생활공간 측면에서 본다면 대도시는 질과 환경(생활양식의 쾌적함)에서 모두 매력이 있고, 특히 전문직과 관리직 종사자들을 매료시키고 있다.

도시화의 관건 중 하나가 부동산(건축 및 디자인 포함) 분야다. 예나 지금이나 주택과 투기 경제의 테두리 속에서 일부 부동산에서 거두는 이익은 다른 경제 활동을 위한 투자에 쓰이고 있다. 이런 경제 활동은 도시의 독특한 풍경을 만들었다. 1885년 시카고에서 등장한 마천루(초고층 빌딩군)로 이루어진 비즈니스 중심의 번화가가 대표적이다. 그 실루엣(스카이라인)은 미국과 세계화의 상징이 되어 전 세계에서 똑같은 모습으로 건설되고 있다. 때문에 도심 중심가의 고급화된 일부 저층 주택(미니애폴리스 노스루프 등)부터 빈민 거주지역까지 부동산 가격이 폭등하고 있다.

경제 발전에 따른 대도시화는 불평등의 구조화라는 결과를 초래한다. 뉴욕 맨해튼 금융가의 트레이더와 가사도우미(흑인이나 히스패닉계가 많다) 사이에는 유사점이 거의 없다. 또 맨해튼 초고층 타워 맨 꼭대기에 있는 1억 달러짜리 복층 아파트와 브롱크스의 타운하우스도 공통점이 전혀 없다.

여기서 생긴 불평등은 대도시 관리체제에 일관된 정책이 없고, 대개 담당 기관이 여러 부서로 세밀하게 나누어지면서 더욱 심화하고 있다. 그것을 증명하는 것이 피츠버그 지역이다. 이곳은 6개 카운티, 412개 자치단체로 나뉘어 있다.

미국 대도시의 시장 지배력은 세계화 흐름 속에서 급성장

세계 도시의 랭킹으로 유명한 'GaWC(세계화와 세계 도시 네트워크, Globalization and World Cities Research Network)는 대기업 간의 연결성이 기준이고, 시카고를 본거지로 하는 세계적인 경영 컨설팅 회사 'AT커니'가 27개 기준에 따라 측정한 데이터를 보면, 세계화 속에서 미국의 빼어난 지리적 위치와 거대한 국내 시장이 일목요연하게 나타난다.

뉴욕은 최상위로 런던과 나란히 타의 추종을 불허하는 특별한 위치에 있다. '빅 애플(뉴욕의 애칭)'이 세계 도시의 선두에 있는 것은 기업의 측면에서 볼 때 끊임없이 혁신하는 기반 산업이 갖추어져 있기 때문일 뿐이다. 금융(월가), 로펌 외에도 커뮤니케이션, 디자인, 패션, 하이테크놀로지, 실

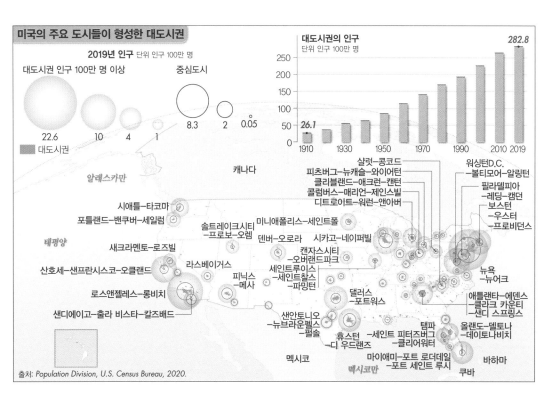

미국의 주요 도시들이 형성한 대도시권

2019년 인구 단위 인구 100만 명

대도시권 인구 100만 명 이상

22.6 10 4 1

■ 대도시권

중심도시

8.3 2 0.05

대도시권의 인구
단위 인구 100만 명

26.1 ... 282.8

1910 1930 1950 1970 1990 2010 2019

알래스카만

캐나다

태평양

시애틀-타코마
포틀랜드-밴쿠버-세일럼

솔트레이크시티
-프로보-오렘

미니애폴리스-세인트폴

새크라멘토-로즈빌

덴버-오로라

산호세-샌프란시스코-오클랜드

라스베이거스

캔자스시티
-오버랜드파크

로스앤젤레스-롱비치

피닉스
-메사

세인트루이스
-세인트찰스
-파밍턴

샌디에이고-출라 비스타-칼즈배드

달러스
-포트워스

샌안토니오
-뉴브라운펠스
-펄솔

휴스턴
-디 우드랜즈

멕시코

샬럿-콩코드
피츠버그-뉴캐슬-와이어턴
클리블랜드-애크런-캔턴
콜럼버스-매리언-제인스빌
디트로이트-워런-앤아버

시카고-네이퍼빌

탬파
-세인트 피터즈버그
-클리어워터

마이애미-포트 로더데일
-포트 세인트 루시

멕시코만

워싱턴D.C.
-볼티모어-알링턴
필라델피아
-레딩-캠던
보스턴
-우스터
-프로비던스

뉴욕
-뉴어크

애틀랜타-에덴스
-클라크 카운티
-샌디 스프링스

올랜도-델토나
-데이토나비치

바하마
쿠바

출처: *Population Division, U.S. Census Bureau, 2020.*

리콘앨리(Silicon Alley, 뉴욕 맨해튼의 뉴미디어 벤처기업 밀집 지역), 아트(브로드웨이, 영화 및 TV 부문에서는 로스앤젤레스 다음으로 두 번째) 등이다.

뉴욕은 그동안 국내 경쟁 도시들과 차례로 경쟁하며 세계 최대 도시로 성장해왔다. 식민지 시대에는 보스턴과 필라델피아, 식민지화의 중간 시기엔 시카고, 1848년의 골드러시 후에는 금융 거점 샌프란시스코, 20세기에 들어서는 에너지 거점인 댈러스와 휴스턴, 나아가 미국 2대 도시인 로스앤젤레스 등이 있다. 북동부에는 지금도 대부분 대도시가 모여 있고, 산업 위기 후에도 경제의 권한이 더욱 집중되어 있다. 주요 기업의 본사나 대학, 금융 및 연구기관도 이곳에 모여 있다.

그렇다면 최근 약진한 서부나 남부의 대도시들은 북동부 도시들을 따라잡은 것일까? 2019년 크게 성장한 대도시는 대부분 서부와 남부에 있다. 2군 그룹의 도시들의 성장세도 눈부시다. 캔자스시티는 농업 비즈니스의 거점이자 NAFTA(미국, 캐나다, 멕시코 간 북미자유무역협정) 회원국을 연결하는 철도의 요충지이며, 덴버는 에너지를 비롯해 다양한 하이테크, 그리고 쾌적한 생활환경을 바탕으로 급성장하고 있다.

한편 미국에서 일부 지역은 도시 간 네트워크가 없다. 큰 도시가 있어도 고립되어 있거나(그레이트플레인스나 산악 지대), 특별한 거대 도시가 없는 지역도 많다.

보스턴~워싱턴D.C.를 잇는 메갈로폴리스는 도시화의 새 형태인가?

일부 애널리스트들은 인구와 부가 다극화된 거대 도시권에 집중된다고 말한다. 1961년 프랑스 지리학자 장 고트망이 명명한 메갈로폴리스(거대 도시)가 그것인데, 보스턴에서 워싱턴D.C. 사이에 있는 뉴욕, 필라델피아, 볼티모어를 포함한 도시권 전체를 가리키는 것이다. 5,400만 명의 주민(미국 전체 인구의 16.5%, GDP 20%)이 거주하는 이 지역에는 공통된 역사가 있으며, 서부 개척과 그 후 세계 네트워크를 형성하는 과정에서 영국계 회사의 지원과 자금을 받았다.

이 메갈로폴리스의 내부를 들여다보면 필라델피아와 보스턴은 애초의 우위를 한 번도 되찾지 못하였지만, 워싱턴D.C.(산업 위기로 무너진 볼티모어를 수도권으로 흡수)는 정치와 경제의 중요한 거점으로 부상해 뉴욕과 어깨를 나란히 하고 있다.

그 외 도시는 모두 근래에 만들어진 것이다. 향후 도시화가 계속 진행되더라도 로스앤젤레스와 샌디에이고 같은 대도시권은 보스턴~워싱턴 D.C. 권역에 비교하면 여전히 소규모라고 할 수 있다.

광대한 중서부 대평원과
소외된 농촌 마을의 부활

흔히 미국의 대도시에 관해서 이야기하지만, 국토 대부분이 도시가 아니라는 사실을 잊기 쉽다. 국립공원 이외에도 일반적인 농촌 지역이 압도적으로 많아서 풍요롭고 광활한 풍경이 펼쳐진다. 그중에는 역사가 오래된 작은 마을이 지금까지 남아 번영하는 곳도 있다. 자연환경이나 과거의 역사적 유산을 관광상품으로 개발해 성공한 마을의 수가 점점 늘어 주민들이 스스로 앞장서서 관광객과 새로운 주민을 끌어들이고 있기도 하다.

중서부 대평원은 농경과 목축의 두 가지 기간산업으로 성장

미국이 전 국토 차원에서 광범위하게 도시화가 진행되고 있는 것은 사실이다. 하지만 대도시를 벗어난 외곽 지역에서도 미국인의 일상적인 삶은 그대로 살아 있다. 국토 대부분이 그렇지만 농작물 종류, 대기업의 본사, 주민 생활양식 등 다양한 이유로 도시의 영향력 아래 놓여 있는 경우가 많지만, 이런 도시화의 영향을 감안하더라도 대륙을 구성하는 토지의 특성이나 형태는 실로 다양하다.

2007년 조사에 따르면 미국의 국토(알래스카와 하와이는 특수하므로 제외)는 다음과 같이 나뉜다. 도시권은 불과 3.2%뿐이며, 삼림이 30.4%, 목초지나 방목지가 32.3%, 경작에 적합한 토지 21.6%, 특별한 용도로 사용

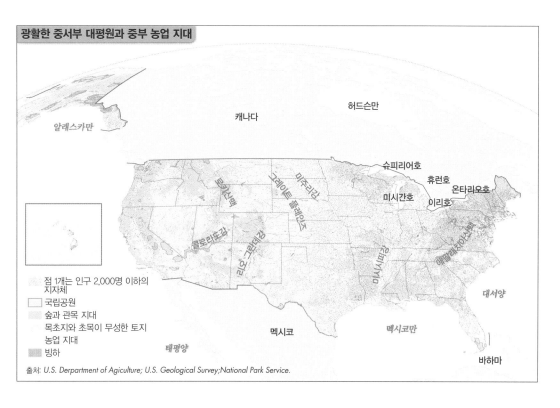

광활한 중서부 대평원과 중부 농업 지대

출처: U.S. Derpartment of Agiculture; U.S. Geological Survey;National Park Service.

되는 토지(공원이나 자연보호지구)는 8.9%, 기타 용도(툰드라나 늪지대 등)가 3.6%이다. 따라서 국토의 3분의 1 가까이는 삼림인데, 서부 개척으로 무참히 벌채되고 난 뒤 1세기가 지난 시점부터 녹지 규모가 상승세로 돌아섰다.

로키산맥 동쪽에 펼쳐진 대평원인 그레이트플레인스를 성장시킨 것은 농경과 목축이라는 2개의 기간산업이다. 타운십 제도에 따라 바둑판 모양으로 구분된 토지에는 고립된 농장들이 점처럼 흩뿌려져 있고, 그 사이를 도로와 비포장 길이 연결하고 있다. 또 알래스카는 기후 변화로 감소 중이지만 여전히 만년설로 덮인 산들이 줄지어 있고, 열대 기후의 섬 하와이는 화산과 고유종이 풍부한 숲으로 덮여 있다.

중서부의 옛날 풍경은 아메리카 원주민과 함께 거의 사라진 것이 분명하다. 백인들은 곳곳에서 난폭하게 자연을 파괴했지만(예를 들어 애팔래치아산맥의 석탄 채굴, 로키산맥에서의 노천 채광), 그래도 여전히 풍부한 자원 덕분에 1세기 반 전부터 5,000만 명의 주민이 사는 천혜의 땅이다.

중서부 지역의 인구밀도는 낮지만, 고도가 높은 산맥이나 북극권 이외는 어떠한 식으로든 사람이 거주하고 자연을 활용하고 있다. 넓은 대목장과 광산을 비롯해 루이지애나의 바이유(늪처럼 된 강의 습지)를 비롯해 세계적인 스키 리조트(와이오밍의 잭슨홀, 캘리포니아의 스쿼밸리, 콜로라도의 아스펜, 베일 등)을 자랑하는 관광지도 있다. 이런 시설과 풍경을 표현할 때는 광활한 평원보다는 끝을 알 수 없을 만큼 넓다는 뜻의 광대무변(廣大無邊)이 적합하다.

사일로(가축 사료를 만들어 저장하는 커다란 용기)가 있는 농장과 다양한 유전자 조작 식물을 심은 밭이 일정한 간격으로 끝없이 이어지는 그레이트플레인스뿐 아니라, 서부의 웅장한 산맥지대와 네바다의 그레이트베이슨 국립공원도 광대한 느낌을 준다. 북서부의 화산 활동으로 형성된 땅은 인간의 손길을 전혀 타지 않은 처녀지를 연상시킨다. 건조지대가 많긴 하지만 표고(標高) 2,000m 이상 되는 땅에 목초지나 대초원, 삼림지대는 아직도 미개척의 상태로 존재한다. 그야말로 사람들의 개척 정신을 자극할 만한 곳이다.

더 나아간다면 한때 돈벼락을 안겨주었던 광맥이 고갈되어 버려진 수많은 유령마을을 찾아보는 것도 좋다. 그중 하나가 서부 개척 시대의 유명한 여성 총잡이 캘러미티 제인이 살았던 버지니아시티다. 1865년부터

1875년까지 몬태나주의 주도(현재의 주도는 헬레나)였던 이 도시는 골드러시로 번창-쇠퇴했다가 1950년대 서부영화를 배경으로 하는 관광지로 부활했다.

1980년 연방정부가 도입한 '메인 스트리트 프로그램'

광대한 땅에 점점이 있는 농촌 커뮤니티에서 중심적인 역할을 담당하며, 여전히 존재감을 발휘하는 것은 작은 마을들이다. 그중 하나인 네브래스카주 셰리던 카운티의 고든은 불과 1,600명의 주민이 사는 마을이다. 이곳은 종합병원, 비행장, 수확한 농작물을 운송하는 철도와 도로를 갖추고 있으며, 이를 바탕으로 각종 서비스 일자리를 인근 주민 1만 5,000명에게 제공하고 있다.

물론 20세기로 들어선 이후부터 사라진 마을의 수가 살아남은 마을보다 훨씬 많다. 그러므로 작은 마을의 생존을 위한 혁신은 사회 전반적인 현상도 아니고, 따라서 언제나 성공을 보장하는 완벽한 모델도 아니다. 미국 전역에 6,000개 가까이 있는 월마트(세계 최대의 슈퍼마켓 체인)도 소규모의 지역 상점들을 자연스럽게 폐업시켰기 때문이다.

그러나 전통적인 시골 마을의 '메인 스트리트'는 미국의 건국 정신과 연결되기 때문에 역사적 유산이 되는 건물과 문화유산을 보존하려는 움직임이 한 세대 전부터 나타나고 있다. 1980년 연방정부가 도입한 '메인 스트리트 프로그램'은 역사적인 도로의 복원과 부활을 추진하는 지자체를 지원하는 것이다.

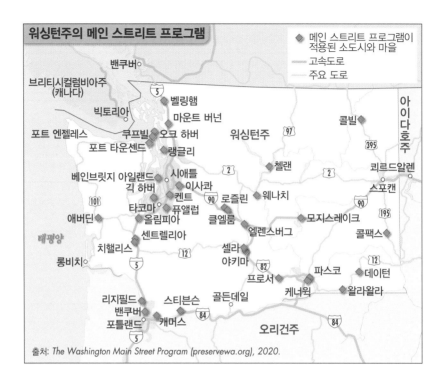

이 프로그램이 추구하는 목표는 두 가지다. 하나는 대형 쇼핑몰이나 아웃렛 같은 상업 시설에 맞서는 것, 다른 하나는 영화 속의 인상적인 스냅숏처럼 성서에 나오는 이상적 커뮤니티(청교도들이 말하는 '언덕 위의 마을'), 혹은 개척자 정신이 살아 있는 미국의 이미지를 환기함으로써 관광객을 불러들이는 것이다. 독립 200주년을 맞이해 당시의 역사적 유산과 정신에 대한 향수와 함께 불안정한 시대 분위기 덕분에 이 프로그램에는 워싱턴주의 몇몇 마을을 필두로 수천 개의 후보지가 이름을 올렸다.

워싱턴주에서 1984년부터 실시된 이 프로그램에 참여한 곳은 2021년 현재 로슬린(인구 946명)부터 밴쿠버(인구 16만 5,000명)까지 34개 지자체이다. 이 지자체는 2015년에 1,293명의 신규 고용을 창출했고, 2,200만 달러의 공공투자와 3,630만 달러의 민간투자를 끌어들였다.

특정 지역에서 분명히 성과가 있기는 했지만, 이런 결과물을 지나치게 과장하거나 실패 사례를 감추어서도 안 된다. 물론 연방정부 차원의 이벤트로 인해 참가한 마을 전체가 혜택을 본 것은 아니었고, 전통 옹호파와 기업 및 개혁파 사이에 여전히 긴장과 갈등이 존재하고 있다.

미국을 떠난 국외 이주자는 진정한 '디아스포라'인가?

미국은 외국에 사는 시민(군인 제외)을 전혀 배려하지 않는 것 같다. 이상적인 나라를 스스로 버린다는 것을 이해할 수 없는 것일까, 아니면 굳이 보호해야 할 필요성을 느끼지 못하는 것일까? 외국에서 생활하는 600만~800만 명의 미국인들은 여러 가지 이유에서 그렇게 생각한다.

해외로 이주한 미국인은 진짜 디아스포라인가?

미군(가족 포함 100만 명)이 세계 각지에서 존재감(?)을 발휘하고 있는 것은 잘 알려졌지만, 모국 밖에서 사는 일반 시민의 경우 대우가 좀 다르다는 느낌을 지울 수 없다. 파리에서 활동한 작가이자 미술 수집가 거트루드 스타인(1874~1946년) 같은 유명 인사를 제외하면 아무런 불만도 꺼내지 못하는 경우가 많다.

국외 이주자는 전체 인구의 3% 이하로, 엄밀하게는 디아스포라(민족 이산)에 해당하지 않는다. 강제로 추방되지도 않았고, 이들이 선택한 이주지와 생활방식이 이민의 흐름과 무관한 경우가 많아서다. 국외 이주자의 대다수는 현지에서 문화적·사회적으로 동화되지 않은 채 살아왔고, 물심

양면으로 모국인 미국 사회와 연결되면서 정체성을 유지했다.

미국인의 국외 이주의 움직임은 제한된 경우이긴 하지만, 이전부터 있었다. 예를 들어 1847년 서아프리카의 라이베리아는 미국에서 해방되어 귀환한 흑인 노예가 건국했다. 그리고 필리핀을 미국의 보호령(1898~1945)으로 삼은 것이나 선교사 활동, 베트남전 징병을 피하기 위한 이주(캐나다로 피난한 젊은이는 수천 명에 이른다), 나아가서는 알리야(이스라엘로 귀환하는 것)를 실행한 유대인 등이 있다.

2019년 현재 외국에 사는 미국인은 600만에서 900만 명 사이로 추정되는데, 이는 단순 추산에 지나지 않는다. 미국은 국외 시민을 따로 등록하지 않기 때문이다. 이렇게 미국인이 있는 나라는 100개국 정도로 그중 주요 10개국에 3분의 2가 살고 있는데, 유럽(가장 많은 곳이 영국과 독일), 멕시코, 캐나다, 필리핀, 이스라엘, 호주, 아르헨티나, 한국 순이다.

미국을 떠나는 원인은 다양하다. 군인으로 부임, 이중 국적 취득, 세계화로 인한 이주(다국적 기업의 취업), 유학 등 학업(저렴한 비용으로 높은 수준의 학습 기회) 등이다. 그러나 학업을 마친 뒤 현지 기업에 취업하거나, 미국에서 미국인이 아닌 부모로부터 태어난 아이가 부모의 나라로 돌아가는 일도 있어서 통계적으로 유의미한 유형을 추출하는 것은 불가능하다.

2013년 884명을 대상으로 한 조사에서 나타난 것은 국외 이주자의 5분의 1은 현지에서 영어를 가르치고, 나머지 5분의 1은 기술 분야 등 다국적 기업에서 일하고, 일부분은 외국에서 퇴역한 군인이었다. 2008년 리먼 사태 이후에는 돈을 아끼기 위해 은퇴 후 외국으로 이주한 사람이 많았을 것으로 추산한다.

미국은 스스로 나라를 떠난 사람을 매려하지 않는다?

많은 나라가 해외로 이주한 자국민에게 특별 대우를 해주는 경향이 있다. 모국에 돈을 송금해주고, 해외에서 민간 외교관의 역할을 해주기 때문이다. 하지만 미국의 경우 '디아스포라'의 흐름은 인정하면서도 국외 이주자에게는 무관심한 면이 있다.

미국 정부가 지원하는 것은 짧은 기간 동안 외국에 체류하는 시민뿐이다. 아마도 첫째는 미국이 이상적인 이민국이라고 생각하기 때문이고, 둘째는 스스로 나라를 떠난 사람들을 이해할 수 없기 때문일 것이다.

외국에서 생활하며 취업 활동하는 미국인은 과세에서 과도한 감시를 받는다고 생각한다. 미국의 세무 당국은 그들의 선택을 일종의 세금 포탈로 간주하고 있다. 그 입장이 더욱 강화된 것은 2010년에 통과된 FATCA(해외계좌 세무 컴플라이언스 법)로 이는 역외탈세를 방지하기 위해 제정된 것이다. 외국에 있는 미국인의 예금

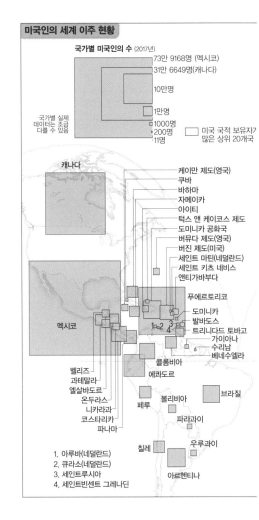

미국인의 세계 이주 현황

국가별 미국인의 수 (2017년)

73만 9168명 (멕시코)
31만 6649명(캐나다)
10만명
1만명
1000명
200명
11명

국가별 실제 데이터는 조금 다를 수 있음

미국 국적 보유자가 많은 상위 20개국

캐나다

멕시코

케이만 제도(영국)
쿠바
바하마
자메이카
아이티
턱스 앤 케이코스 제도
도미니카 공화국
버뮤다 제도(영국)
버진 제도(미국)
세인트 마틴(네덜란드)
세인트 키츠 네비스
앤티가바부다
푸에르토리코
도미니카
발바도스
트리니다드 토바고
가이아나
수리남
베네수엘라
콜롬비아
에콰도르
벨리즈
과테말라
엘살바도르
온두라스
니카라과
코스타리카
파나마
페루
볼리비아
브라질
파라과이
칠레
우루과이
아르헨티나

1. 아루바(네덜란드)
2. 큐라소(네덜란드)
3. 세인트루시아
4. 세인트빈센트 그레나딘

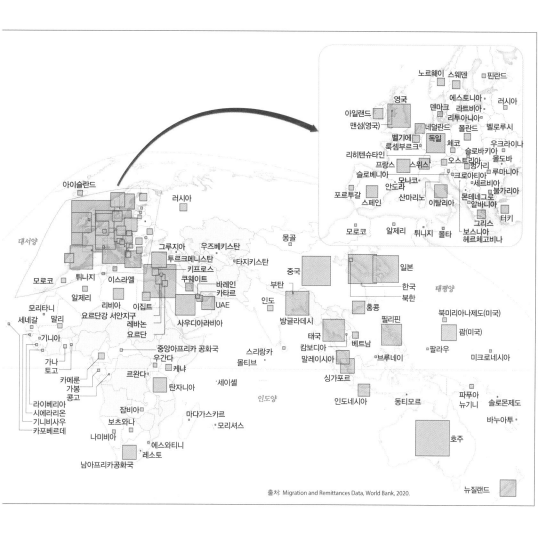

노르웨이 스웨덴 핀란드
에스토니아 러시아
영국 덴마크 라트비아
아일랜드 리투아니아
맨섬(영국) 네덜란드 폴란드 벨로루시
벨기에 독일 체코 우크라이나
리히텐슈타인 룩셈부르크 슬로바키아
프랑스 스위스 오스트리아 몰도바
슬로베니아 헝가리 루마니아
크로아티아
안도라 세르비아
포르투갈 몬테네그로 불가리아
스페인 산마리노 이탈리아 알바니아
그리스 터키
모로코 알제리 튀니지 몰타 보스니아
헤르체고비나

아이슬란드

대서양

러시아

모로코 튀니지 그루지아 우즈베키스탄 몽골
투르크메니스탄 타지키스탄 중국 일본
알제리 이스라엘 키프로스 한국
리비아 쿠웨이트 부탄 북한 태평양
모리타니 요르단강 서안지구 이집트 바레인 인도 홍콩 북미리아나제도(미국)
세네갈 말리 레바논 카타르 필리핀 괌(미국)
요르단 사우디아라비아 UAE 방글라데시 팔라우 미크로네시아
기니 태국 베트남
가나 중앙아프리카 공화국 캄보디아 브루나이
토고 우간다 스리랑카 말레이시아 싱가포르
카메룬 르완다 케냐 몰디브
가봉 탄자니아 세이셸 인도양 인도네시아 동티모르 파푸아
콩고 뉴기니 솔로몬제도
라이베리아 잠비아 마다가스카르 바누아투
시에라리온 보츠와나 모리셔스
기니비사우 나미비아
카포베르데 에스와티니 호주
레소토
남아프리카공화국

출처: Migration and Remittances Data, World Bank, 2020.

뉴질랜드

계좌 정보가 미국 세무 당국에 보고되도록 한 법이다.

한편 1960~1970년대에 여러 면에서 상황이 진전되어 1975년 국외 이주자에게 투표권이 인정됐고, 국외에서 미국인 부모로부터 태어난 아이에게는 자동으로 미국 국적이 부여되었다. 하지만 최근 조사(2015년)에서는 여전히 국외 이주자들이 모국의 무관심에 대해 불만을 드러내고 있다.

여기엔 세제에서 불리한 처우를 받는데도 연방의회에서 국외 이주자를 대표하는 의원이 없는 등 여러 가지 이유가 있다. 또한 국외 이주자들은 해외에서 미국인에 대한 부정적인 이미지를 개선하는 문화적 영향력을 인정받지 못하는 점도 아쉬워하고 있다. 왜냐하면 로테이션으로 교체되는 외교관보다 각국의 사정을 더 잘 알고 있는 민간 외교사절이라는 자부심이 있기 때문이다. 그러나 미국 국적을 포기하는 미국인은 그리 많지 않다. 2009년 731명에서 2016년 5,411명으로 늘어났으나(이 중 1명은 뉴욕 출생으로 이중 국적이었던 전 영국 총리 보리스 존슨), 2019년 1,971명으로 다시 줄어들고 있다.

넓은 국토와 다양한 인구,
미국은 하나의 문명권이다!

900만km² 이상의 국토와 다양한 인구로 이루어진 미국은 하나의 균일한 덩어리가 될
수 없을 것이다. 균일한 '미국인'이 존재하지 않는 것처럼, 미국의 국토는 기후도, 풍경도
제각각이며, 동식물 군도 다양하다. 또한 각각 언어와 요리의 독자성을 갖고 있다.

4개의 블록 중 북동부가 가장 부유한 미국의 중심부

미국 인구조사국(U.S. Census Bureau)의 공식 통계에 따르면 미국은 4개의
블록으로 나누어져 있다. 북동부와 중서부, 남부와 서부이다. 4개 블록 사
이에는 불평등이 존재하고 있으며, 각기 처한 지리적 환경도 다르다.

부유한 북동부는 2개 지방을 포함(5대호와 대도시), 지금도 상당한 비율
의 밀집된 인구와 더 나아가 부(富), 국가의 주요 기관이 집중되어 있다.
한편 다른 블록에서는 이를 추격하려는 활동이 반세기 이상 전부터 전개
되었는데, 실리콘밸리처럼 일부에서는 괄목할 만한 성과를 올리고 있다.
하지만 미국 정부는 아직 '새로운 서부'는 고사하고 태평양 연안에 도달하
기 위해 거쳐야 하는 중서부 지역에서도 진정한 변화를 일으키지 못하고

있다.

미국에서 1세기 전부터 지역의 특징을 나타내기 위해 상징적으로 사용되고 있는 말이 '벨트'이다. 국토가 큰 단위로 나뉘어 조직됐다는 것과 독특한 문화나 농작물 등을 통해 균일하고 광대한 지역의 존재를 보여줄 수 있다는 의미이다. '벨트'에 내재한 의미는 실제로 미국인의 정신 속에 '중앙(북동부) vs 주변'이라는 구도가 자리 잡고 있음을 보여준다.

최초로 창설된 벨트는 광활한 단일 작물농업(보리, 옥수수, 담배, 면화, 쌀, 설탕 등) 지역으로 글로벌 경제의 변동에 맞물려 나뉘었다. 1970년대부터는 천혜의 자연을 바탕으로 풍요로운 땅으로 변신한 남부의 '선 벨트'와 심각한 산업 위기와 탈공업화의 희생물이 된 '러스트 벨트(Rust belt)'가 대립했다.

미국의 공식적인 4대 지역과 지구 구분

서부 (제3지역)
중서부 (제2지역)
북동부 (제1지역)
뉴 잉글랜드
서북중부
동북중부
대서양 연안 중부
태평양 연안
산맥 지대
서남중부
동남중부
대서양 연안 남부
남부 (제4지역)

─── 공식 지역 구분
─── 지역을 분할한 지구(地區)의 구분
─── 주의 경계선
출처: U.S. Census Bureau.

후자는 '스노 벨트(Snow belt)' 또는 '프로스트 벨트(Frost belt, 얼어붙은 지대)'라는 달갑지 않은 별명까지 붙여졌다. 본래 '선 벨트'는 플로리다의 남단이나 하와이 등 태양이 쏟아지는 지역을 가리켰다. 근래에는 새로운 산업이 발전한 북부의 위스콘신주나 메인주까지도 '북쪽으로 확장한 선 벨트'라고 불리고 있다.

미국의 지역별 특징을 상징하는 호칭으로 '～벨트'를 사용

한편 문화적 접근으로는 20세기의 변동기에 유대인의 피서지에 '보르시 벨트(Borscht belt)'라고 이름을 붙인 것이 있다. 북미에 거주하는 동유럽계

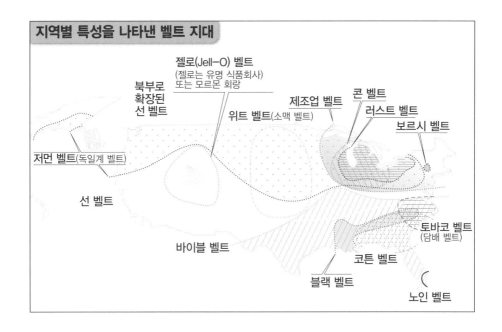

지역별 특성을 나타낸 벨트 지대

젤로(Jell-O) 벨트
(젤로는 유명 식품회사)
또는 모르몬 회랑

북부로
확장된
선 벨트

위트 벨트(소맥 벨트)

제조업 벨트

콘 벨트
러스트 벨트
보르시 벨트

저먼 벨트(독일계 벨트)

선 벨트

토바코 벨트
(담배 벨트)

바이블 벨트

코튼 벨트

블랙 벨트

노인 벨트

유대인이 러시아와 폴란드에서 즐겨 먹는 붉은 색 수프 보르시를 즐겨 만들어 먹었기 때문이다.

그 후 '바이블 벨트(Bible belt)', '건 벨트(Gun belt)' 혹은 '저먼 벨트(German belt)'라는 이름이 등장한다. 이들은 기독교가 일상생활뿐 아니라 정치적으로도 우세한 지역 또는 무기 소지자, 독일계 인구가 많은 지역 등을 가리킨다. 이처럼 지역을 갈라놓고 단순화하는 호칭은 일부 전문가들의 냉소를 받기도 하지만, 여전히 상징적인 의미로 통용되고 있으며 새로운 이름으로 대체되기도 한다.

실제 풍광을 반영해 붙여진 명칭도 있다. '콘 벨트(Corn belt)'나 그레이트플레인스 동북부의 '위트 벨트(Wheat belt)'는 실제로 존재하는데, 이 지역에서는 수백 km²에 걸쳐 옥수수나 콩, 밀이 자라는 평원이 끝없이 펼쳐진다.

이 벨트들은 미국 사회가 경험한 거대한 변화의 영향을 받았다. 경제 위기로 전통적인 제조업 전반이 붕괴하면서 충분한 대비책이 강구되지 않았던 과거 공업 지대(디트로이트, 클리블랜드 등) 대부분은 쇠락한 도시로 변모했다. 동시에 제3차 산업혁명(컴퓨터의 발명과 혁신)과 주택 보급, 석유와 천연가스를 통한 경제 약진, 또는 친기업 정책(세금 등에 대한 규제 완화)의 영향으로 남부와 서부의 경제가 다시 활기를 띠었고, 온난한 기후와 맞물려 이민자나 신산업 종사자가 대거 몰려들고 있다.

물론 여기에 묘사된 특징을 전반적인 추세로 규정하기에는 무리가 있다. 왜냐하면 '러스트 벨트'의 일부는 이후 생명공학이나 신소재, 대학교 신설로 방향을 전환해서 성공했으며, 일부는 '그린벨트(Green belt, 개발제한구역과 다름)'가 되었기 때문이다. 그런데도 어느 분야든 다른 지역과의 차이가 나타나고 지역의 특징이 명확하게 나뉘기 때문에 '벨트'는 실제로 존재하는 것 같다. 다만 중심도시와 농촌 지역조차도 내부가 분열된 상태로 갈등이 존재한다는 사실을 명심할 필요가 있다.

각 주와 지방에 붙여진 별명도 각각의 이미지를 상징한다

각 주와 지방 전체(알래스카, 하와이 포함)에 붙여진 별명은 각각이 가진 풍경과 이미지를 단적으로 드러낸다. 아이다호가 감자로 유명하다면 켄터키는 프라이드 치킨. 옛 남부는 비만에 빠진 흑인 커뮤니티가 떠오르고, 유타는 모르몬 교도로 유명하다. 또한 오리건과 워싱턴은 비가 많이 오는 기후와 함께 마이크로소프트 등 첨단 기업과 스타벅스의 발상지인 시애틀이 있어 보보족(부르주아 보헤미안) 이미지를 갖고 있다.

또 뉴욕은 우디 앨런처럼 스트레스를 많이 받아 행복하지 않은 이미지라면, 매사추세츠와 코네티컷은 미국 전역에서 가장 부유한 곳으로 인식된다. 플로리다는 연금 생활자, 캘리포니아는 오락으로 상징되며, 그레이트플레인스는 농업 외에도 종종 낮은 교육 수준과 보수적인 모습으로 거론되기도 한다.

즉, 이들을 규정짓는 단점을 희화하는 별명을 늘어놓는 것만으로도 평균적인 미국인만 존재한다는 생각은 사라져 버릴 수밖에 없다.

세계를 통제하는
강대국의 딜레마

2장 들어가기

오랜 기간 무궁무진한 지하자원의 활용, 대서양과 태평양의 연안 지대, 자본의 집중과 혁신, 세계화 및 지역 경제 통합(NAFTA, 북미자유무역협정)을 토대로 발전한 미국 경제는 빛과 그늘이라는 양면성을 보여주고 있다.

미국이 여전히 세계의 최대 경제 강국이라는 것을 확인시켜주는 각종 지수는 타의 추종을 불허할 정도로 탁월하다. 세계 제일의 GDP, 독보적인 금융시스템, 세계 최대의 다국적 기업, 지식경제를 기반으로 전 세계의 두뇌를 끌어들이는 기술혁신 등이 있다.

그런데 중국과 유럽연합의 부상으로 절대 우위가 상대 우위로 변하면서 쇠락의 조짐으로 해석하기도 한다. 해외 채권이 늘어나는 한편, 국가 토대(물, 토지, 에너지)도 서서히 잠식되고 있다는 것이다. 이런 상반된 해석은 국내 발전과 마찬가지로 세계 경제도 크게 변화했다는 사실을 나타내는 것인데, 물론 이러한 양면성은 미국이 추진한 세계화에 따른 결과물로 봐야 한다.

2장 정리하기

자유와 경쟁을 기반으로 하는 자본주의를 지향하는 미국은 경제성장과 위기를 번갈아 맞는 것이 관례처럼 되어 있다. 그 결과 복지시스템이 사실상 거의 해체됐고, 2020년 코로나19 바이러스의 팬데믹에서 드러났듯이 사회 양극화가 미치는 악영향도 광범위하게 확산 중이다.

미국은 충격을 발판으로 삼아 혁신하는 회복탄력성이 뛰어나다. 국내에서는 기업 정신과 유연성, 지속적인 기술혁신 덕분에 새로운 경제 발전을 이루어내는데, 가장 최근의 화두는 단연 공유경제다.

국외에서는 저가의 제조 공정이나 천연자원, 자격증을 갖춘 노동자의 육성 등 일부 분야의 문제를 해결하고 있다. 그러나 이에 따라 이익을 얻는 것은 오로지 다국적 기업이고, 국민은 물론 국가조차도 외면당하는 바람에 불평등이 심화하고 국토의 환경도 더 나빠지고 있다.

세계화를 주도한 미국은
왜 보호주의로 복귀하는가?

미국 경제는 영국에서 이주한 앵글로색슨족이 구축한 자본주의의 틀에서 발전하고 있다. 풍부한 투자금과 연기금, 대기업(특히 다국적 기업)과 단기 금융 이익(노동 외 수단으로 거두는 이익) 등을 기반으로 '기업국가 미국'으로서 세계 경제를 지배하고 있다. 미국의 시장 경제는 1970년대 말부터 규제 완화를 통해 성장하면서 세계화의 흐름 속에서 단연 주도적인 역할을 했다.

세계 질서를 주도하는 군산복합체의 중심은 수도 워싱턴 D.C.

미국 경제에는 잘 알려진 치명적인 약점이 있다. 바로 대외 채무다. 1976년 이래 누적된 큰 폭의 무역 적자, 우버(승객과 기사를 스마트폰으로 연결해주는 플랫폼)와 에어비앤비(숙박 공유시스템) 등 공유경제의 약진에 따른 고용의 불안전성, 실물 경제를 압도하는 금융이 심화시킨 단기 결재 압박 등이다.

그런데 미국은 구조적인 경제 불안에서도 의지할 수 있는 것이 있다. 풍부하고 우수한 노동력(1억 6,450만 명의 민간 고용), 최근 수십 년간 세계적인 규모로 성장한 기업, 지속적인 기술혁신 등이다.(2017년 미국의 연구 개발비는 세계 전체의 27.7%를 차지)

워싱턴 D.C.에 집중된 군산복합체

게이더스버그
국립표준기술연구소
메릴랜드
리스버그
포토맥강
버지니아
스털링
워싱턴 덜레스
국제공항
보잉
에어버스
미국지질
조사국
레스턴
스팟이미지
정보통신 및 항공 (회랑)
페어팩스
조지메이슨 대학교
아난데일
리치몬드

바이오테크놀로지 (회랑)
록빌
휘턴
국립위생
연구소
실버
스프링
베세스다
CIA
백악관
국회의사당
펜타곤
워싱턴 D.C.
알렉산드리아

응용물리학연구소
(존스홉킨스 대학교)
볼티모어
로럴
국가안전보장국
(NSA)
식품의약품국(FDA)
해군공창센터
메릴랜드 대학교
항공우주국(NASA)
군사우주테크놀로지 (회랑)

테크놀로지 회랑
ㅡㅡ 주 경계선
---- 카운티 경계선

출처: Y. Boquet, Les États-Unis, Belin, 2003.

미국 경제는 광범위한 차원에서 국제 금융의 주도적인 역할을 하고 있다. 뉴욕은 런던과 함께 세계 금융의 중심지이고, 시카고는 선물거래의 최대 시장으로 군림하고 있다. 또한 미국 기업의 시가총액은 GNP(국민총생산)의 140%에 달한다. 이런 금융시스템은 세계화를 촉진하면서 긍정적으로 받아들여지는 동시에 부작용을 키우고 있다는 비난도 받았는데, 그 결과가 2008년의 리먼 사태 발생이었다.

금융 중심의 자본주의시스템이 백지 위에서 구축되었다고는 하지만 결과적으로 토지나 환경을 희생양으로 삼았던 것도 분명하다. 이익 추구라는 이름으로 지역 전체를 차례차례 통합 또는 파괴하면서 자원은 고갈되고, 국토는 오염되고, 자연의 풍경과 인간의 삶도 황폐해졌다.

한편 미국의 성공은 각 주(州)별로 서로 다른 특성을 드러내고 있다. 지역별 특성에 따른 경제적·사회적 활력에서 차이가 있기 때문이다. 경제위기 국면에서 연방정부의 개입은 이를 잘 보여준다. 1980년대 농무부(US Department of Agriculture)의 은행 구제, 1980년대와 2009~2010년의 자동차 산업 구제, 2009년의 대형 은행 구제, 2020년 신종 코로나19 바이러스 사태의 대규모 지원금, 농업 지원금, 주택 건설이나 인프라 지원 등은 각 지역의 격차를 보여줬다.

몇몇 주는 '빅 비즈니스(거대 사업군)'와 밀접한 관계를 유지하는데, 그 대표적인 예가 군사 산업을 중심으로 한 연합체인 군산복합체(Military-Industrial Complex, MIC)이다.

제34대 대통령 아이젠하워(1890~1969년)는 1961년 유명한 이임 연설에서 자유의 이름으로 MIC를 경계하라고 촉구했다. 이런 분위기 속에서 전후(戰後) 1945년부터 1975년까지 MIC는 약화하기도 했지만, 2001년 9·11 사태 이후 테러와의 전쟁을 계기로 부활했다.

GNP(국민총생산)의 4%를 차지하는 군산복합체는 군사기지, 연구소, 공장을 비롯한 군사시설을 중심으로 형성되어 있으며, 소요경비는 모두 군사비로 조달되고 있다(2000년 2,290억 달러에서 2020년은 7,380억 달러).

군산복합체의 중심은 수도 워싱턴 D.C.이다. 펜타곤(국방부)은 이와 관련된 중요한 사안을 결정할 권한이 있으며, 곳곳에 정보통신, 항공, 우주, 군사 과학기술 등에 관한 많은 연구시설이 집중되어 있다. 현재 군산복합체에서 이익을 얻는 것은 석유 분야의 핼리버튼이나 항공 분야의 보잉 등 거대 군수 산업 그룹이며, 정작 군인들은 상대적으로 소외되고 있는 형편이다. 또 흑인이나 히스패닉 등 소수자도 군수 산업 분야의 고용 계약에서 소외되면서 고급 기술을 습득하지 못하거나 승진 기회에서 제약을 받고 있다.

세계화의 질서를 주도하면서 세계적 다국적 기업 성장

미국은 세계화를 주도하는 모델로서 압도적인 힘을 보여주고 있다. 청교도 정신이 이어져 온 특별한 나라로서 세계의 모범이 되어야 한다는 종교적 사명을 실천하려는 것처럼 보인다.

미국은 정치와 경제의 보호막을 걷어낸 자유주의를 통해 경제적으로 개방된 나라가 되었지만, 역사적으로 보면 이는 최근의 일일 뿐 아니라 사실 자세히 보면 유럽만큼은 아니다.

GDP에서 무역이 차지하는 비율은 미국이 20.8%인데 반해 프랑스는 44.3%이다(2018년). 미국의 FDI(해외직접투자)는 이런 애매한 상황을 잘 보여준다. 미국의 FDI는 1970년 GDP의 7.5%에서 2014년 16.5%로 증가했지만, 다른 나라에서 끌어온 FDI는 2000년 37%에서 2019년 17%

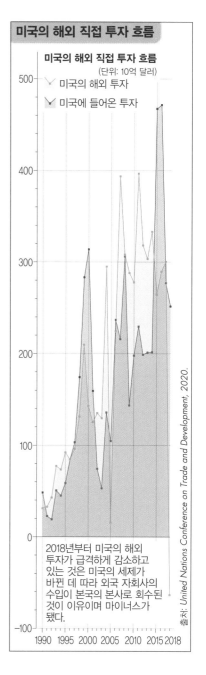

미국의 해외 직접 투자 흐름

(단위: 10억 달러)

미국의 해외 투자
미국에 들어온 투자

2018년부터 미국의 해외 투자가 급격하게 감소하고 있는 것은 미국의 세제가 바뀐 데 따라 외국 자회사의 수입이 본국의 본사로 회수된 것이 이유이며 마이너스가 됐다.

출처: United Nations Conference on Trade and Development, 2020.

로 낮아졌다.

다국적 기업은 3,300만 명의 미국인을 고용하고 있는데, 해외 자산에 의한 세계 랭킹(2014년 기준, 금융 부문 제외)을 보면 톱 20에 얼굴을 내미는 미국 기업은 불과 4개(1위의 제너럴일렉트릭, 4위의 엑손, 9위의 셰브런, 19위의 애플)에 불과하다. 이것을 보면 국외보다는 국내 시장이 경제를 주도하고 있다는 사실을 보여준다.

그런 측면에서 볼 때 마이크로소프트(MS)는 다국적 기업(총매출액은 1,260억 달러, 121개국에 자회사를 두고 있으며 최고경영자는 인도계)이지만, 본국(미국)에도 확실한 뿌리를 두고 있다. 2020년 현재 전체 종업원 15만 6,439명의 35.5%는 본사가 있는 워싱턴주 레드먼드 근처 퓨젓 사운드에서 고용하고 있기 때문이다.

다국적 기업 마이크로소프트사의 자회사 분포

본사: 레드먼드(워싱턴주)

■ 마이크로소프트의 자회사가 있는 국가
출처: Microsoft, 2020 (news.microsoft.com).

한편 미국은 다른 나라에 6조 5,000억 달러나 투자하고 있지만, 그 대상은 주로 조세회피처에 본사를 둔 지주회사가 절반가량 된다. 이것은 국가와 기업의 소재지가 분리되어 있다는 것을 의미한다. 게다가 해외에서 거두는 금융 이익은 미국 국내 기업의 이익을 상회하고 있다.

미국의 이민 정책은 어떻게
세계의 인재를 모으는가?

이민을 국적에 따라 할당하는 미국의 이민 할당법(1924년 제정)이 1965년 폐지됐다. 이에 따라 미국의 이민 정책은 근본부터 바뀌었다. 이후 이민을 받는 기준은 국가 경제에 이바지할 수 있는 능력과 가족의 결합 등이 우선하여 고려되고 있다. 특히 미국 정부는 기술혁신 역량을 강화하기 위해 무엇보다도 고급 기술을 가진 전문직을 적극적으로 받아들이려고 한다.

세계 각지의 다양한 이민자만큼 복잡한 이민 제도와 절차

미국의 이민 정책은 일시적, 항구적 이민을 포함해 공식적으로 연간 37만 명(가족 초청과 취업 이민)으로 상한선을 두고 있다. 이 숫자에 보태야 할 것이 비호(庇護)와 난민 신청자에게 할당되는 특별기준인데 정기적으로 개정되고 있다.

비자와 영주권(그린카드)이 발급되는 경우는 다음과 같다. 가족 결합, 자격증이 있는 노동자 이민, 비호권의 자격 획득 그리고 다양성을 촉진하기 위한 추첨이다. 이민 자격이 가장 많이 할당되는 것은 가족의 이주인데, 1년에 23만 명이 이에 따라서 항구적 이민 자격을 부여받고 있다. 다음은 경제(취업) 이민으로 14만 명, 그다음 주자는 추첨을 통해 영주권을 얻은

추첨을 통한 그린 카드의 취득 상위 국가

응모자가 많은 국가 TOP 10
2018년: (단위: 100만 명)

가나	2.2
우즈베키스탄	2.1
이란	1.6
우크라이나	1.4
이집트	1.3
네팔	1.2
에티오피아	1.1
시에라리온	1.0
콩고민주공화국	0.8
라이베리아	0.7

추첨 당첨자가 많은 국가 TOP 10
2018년

이란	4,500명
러시아	4,500명
콩고민주공화국	4,497명
에티오피아	4,496명
이집트	4,495명
우즈베키스탄	4,494명
알바니아	4,484명
우크라이나	4,478명
터키	4,390명
네팔	4,097명

출처: U.S. Visas(travel. state.gov);U.S.Green Card Office(www.usgreencardoffice.com)

사람들로 5만 5,000명이 여기에 해당한다.

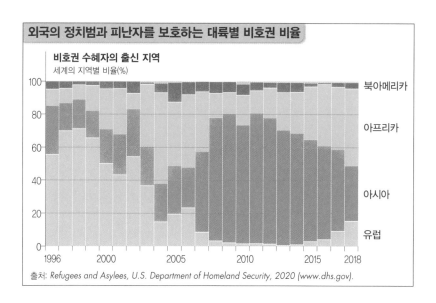

외국의 정치범과 피난자를 보호하는 대륙별 비호권 비율

비호권 수혜자의 출신 지역
세계의 지역별 비율(%)

북아메리카
아프리카
아시아
유럽

출처: Refugees and Asylees, U.S. Department of Homeland Security, 2020 (www.dhs.gov).

각 주에는 신청자에 대해 일종의 순번을 매기는 시스템이 있다. 어느 한 국가로 이민 비율이 편중되지 않도록 하기 위한 것으로, 특정 국가 출신이 연간 전체 이민자의 7%를 넘어서는 안 된다.

또한 1990년 창설된 영주권 추첨 프로그램도 매우 독창적인 방식으로 다양한 이민자를 끌어들이고 있다. 이것은 어디까지나 운에 맡기는 방법인데, 발급 대상은 출신국에 따라 제한돼 있다. 예를 들어 발급자 수가 많다고 간주한 국적(지난 5년간 5만 명 이상)은 추첨에서 제외된다.

당첨자는 영주권 카드인 그린카드를 발급하는데 신청서 색깔에서 따온 명칭이다. 2019년에는 약 760만 명이 여기에 지원했다. 한편 트럼프 행정부는 이민 관리체제를 엄격히 강화했는데, 특히 난민 수용에 대한 할당 규모를 과감하게 축소했다. 즉 2016년은 8만 5,000명이었지만 2020년은 1만 8,000명으로 축소되었다.

H-1B 비자는 과학, 기술, 의료 등 전문직 인력을 흡수하는 상징

경제 이민에서 우대받는 분야는 놀랄만한 또는 특별한 재능의 소유자로 특히 과학기술, 공학과 의학 분야의 인재가 해당한다. 그다음은 자격증이 있는 노동자, 자격증이 없는 노동자 순인데, 후자는 계절 근로자로 한정되어 있다.

H-1B 비자(전문직 비자)는 고도의 자격을 갖춘 전문직 인력을 미국이 흡수하는 상징과도 같은데, 특히 1950년대 영국계 고급 인력들이 미국으로 빠져나가는 현상을 '브레인 드레인(두뇌 유출)'이라고 불렀다. 이 비자는

고도의 기술을 필요로 하는 분야(전문직)에서 고학력(최저 대졸) 외국인 노동자를 최대 6년간(첫 신청으로 3년간, 1회 갱신 가능) 고용할 수 있도록 해준다.

취득자 대부분은 정보 분야에서 일하고 있는 인도인이다. 2017년 회계 연도(10월부터 이듬해 9월까지)에 H-1B 비자를 발급받은 33만 6,107명 중 인도인은 70% 이상을 차지하는데, 이 분야에서 인도인이 뛰어난 능력을

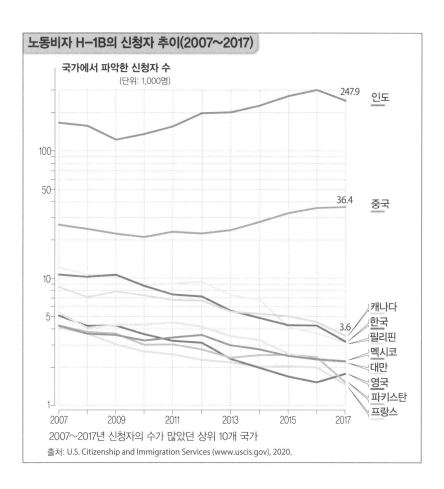

노동비자 H-1B의 신청자 추이(2007~2017)

국가에서 파악한 신청자 수
(단위: 1,000명)

247.9 인도

100

50

36.4 중국

10

5

캐나다
3.6 한국
필리핀
멕시코
대만
영국
파키스탄
프랑스

1

2007 2009 2011 2013 2015 2017

2007~2017년 신청자의 수가 많았던 상위 10개 국가

출처: U.S. Citizenship and Immigration Services (www.uscis.gov), 2020.

갖췄다는 점과 미국인보다는 평균 보수가 낮다는 점이 두드러진 점이라 하겠다.

세계 두뇌들이 모이는 스탠퍼드대는 실리콘밸리에 인재 공급

세계 최고 수준의 대학으로 꼽히는 스탠퍼드대는 세계의 두뇌를 사로잡는 미국의 매력을 잘 보여준다. 세계적인 인지도를 배경으로 유례없는 연구 환경을 보장하는 동시에 우수한 학생과 교수진을 보유하고 있다. 2019

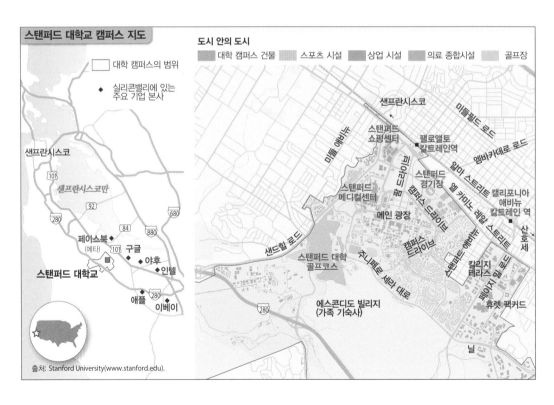

출처: Stanford University(www.stanford.edu).

년 1만 6,384명의 학생 중 제1 과정(교양 과정)의 13%, 제2 과정(학사 석사 전문과정)의 34%가 외국 출신이다.

미국의 대학 캠퍼스를 대표하는 스탠퍼드대 캠퍼스는 샌프란시스코 근교에 있으며, 면적이 33㎢로 세계에서 가장 넓은 대학 캠퍼스 중 하나다. 잔디가 깔린 넓은 캠퍼스 일대에는 약 700개의 건물이 들어서 있고, 스포츠 시설과 대학병원, 상업시설, 골프장까지 자리를 잡고 있다.

스탠퍼드대는 또한 실리콘밸리의 기업인들을 다수 배출한 것으로 유명하다. 이런 스탠퍼드대의 면모를 보여주는 것이 1951년 설립된 스탠퍼드대 연구 단지인데, 스탠퍼드대에서 불과 몇 ㎞ 밖에 떨어져 있지 않은 이곳에는 2만 3,000명을 고용한 150여 개의 빅테크 기업들이 자리를 잡고 있다. 전기자동차의 세계적인 리더 테슬라를 비롯해 휴렛팩커드, 스카이프 본사 등이 유명한데, 이런 배경이 대학생들과 기업인의 적극적인 접촉을 자극할 뿐 아니라 사업 기회를 제공한다.

가족 경영 농장을 장악한
애그리비즈니스의 지배력

건국의 아버지들은 정착지(농지)와 독립적인 가족 농장을 이주민들에게 공여하는 '타운십 제도(개척 시대에 시행한 바둑판 모양의 토지 분할)'를 미국 사회와 경제를 발전시키는 초석으로 여겼다. 그러나 이 모델은 거의 소멸 직전에 있다. 현재까지 살아남은 소규모 농장은 불과 200만 곳(1960년 400만 곳)으로 노동 인구의 2% 이하, GDP의 1% 이하에 불과하다. 대신 나타난 것이 '애그리비즈니스(Agribusiness)'로 거대 자본을 바탕으로 대규모 수출에 주력하는 다국적 산업 형태이다.

'농가에서 포크까지'의 통합을 실현하는 '애그리비즈니스'

'애그리비즈니스'란 유엔 식량농업기구(FAO)에서 주창하는 '농가에서 포크까지'의 통합을 실현하는 농업 관련 산업을 말한다. 농업에서 생산 요소의 공급, 생산, 제품 가공, 그리고 마지막 단계인 소비자 판매까지 통합한 대규모 산업이다. 현재 미국 고용의 9.3%, GDP의 4.7%를 차지하고 있다.

이 비즈니스는 시장의 과점이 특징이다. 5대 기업이 관련 각 분야의 40% 이상을 지배하고 있을 정도로 시장 지배력이 극도로 집중되어 있다. 5개 기업은 펩시코, 아처 대니얼스 미들랜드, 번지, 타이슨 푸드와 국내 비상장사 중 가장 큰 규모의 곡물 생산업체인 카길이다. 최근 30년간

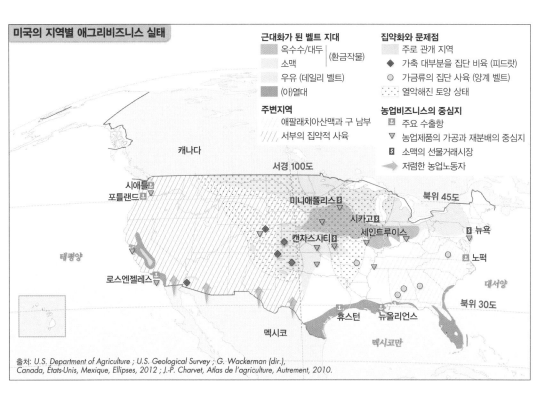

미국의 지역별 애그리비즈니스 실태

근대화가 된 벨트 지대
- 옥수수/대두 (환금작물)
- 소맥
- 우유 (데일리 벨트)
- (아)열대

주변지역
- 애팔래치아산맥과 구 남부
- 서부의 집약적 사육

집약화와 문제점
- 주로 관개 지역
- ◆ 가축 대부분을 집단 비육 (피드랏)
- ○ 가금류의 집단 사육 (양계 벨트)
- 열악해진 토양 상태

농업비즈니스의 중심지
- 주요 수출항
- ▽ 농업제품의 가공과 재분배의 중심지
- 소맥의 선물거래시장
- 저렴한 농업노동자

캐나다
서경 100도
시애틀
포틀랜드
미니애폴리스
시카고
세인트루이스
북위 45도
뉴욕
태평양
캔자스시티
노퍽
로스엔젤레스
대서양
북위 30도
휴스턴
뉴올리언스
멕시코
멕시코만

출처: U.S. Department of Agriculture ; U.S. Geological Survey ; G. Wackerman (dir.),
Canada, États-Unis, Mexique, Ellipses, 2012 ; J.-P. Charvet, Atlas de l'agriculture, Autrement, 2010.

애그리비즈니스는 시카고의 선물거래시장(세계 최대의 선물옵션거래소)에서 입지가 강화되면서 많은 투자가를 끌어들이고 있다.

이와 발맞춰 약진하는 것이 자본주의적 생산 방식을 도입한 포도의 재배다. 미국의 포도주 생산은 세계 4위, 포도주의 소비는 2014년 이래 프랑스를 제치고 세계 1위를 차지하고 있다. 포도주 역시 생산량의 절반을 3대 기업이 차지하고 있으며, 포도주 제조업체는 캘리포니아주에 집중되어 있다(89%).

통합적 비즈니스의 상징이라고 할 수 있는 것은 유전자변형 작물(GMO)이다. 세계적인 생명공학 기업들의 연구로 만들어진 GMO는 세인트루이

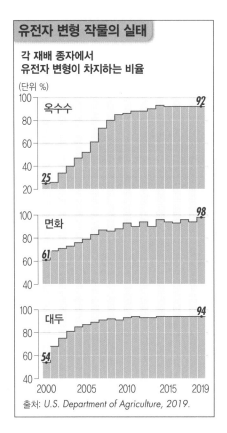

유전자 변형 작물의 실태

**각 재배 종자에서
유전자 변형이 차지하는 비율**

(단위 %)

옥수수
92
25

면화
98
61

대두
94
54

출처: U.S. Department of Agriculture, 2019.

감소하는 농장

농장의 수

(단위: 100만)

연도	값
1959	3.7
1969	
1974	
1978	
1982	
1987	
1992	
1997	
2002	
2007	
2012	
2017	2.04

가족농장의
분할
(1974년 이전
데이터 없음)

출처: Census of Agriculture,
U.S. Department of Agriculture, 2019.

스에 본사가 있던 몬샌토가 대표적 기업으로 꼽힌다. 전 세계 GMO 특허의 90%를 차지하는 세계 최대 종자회사 몬샌토는 2018년 독일의 바이엘로 매각됐다.

이들 기업은 농업 종사자에게 GMO 작물을 판매하고, 농업 종사자는 유전자 조작으로 불임성(不稔性, 종자를 만들 수 없는 상태)과 병충해 예방 기능을 가진 제품을 구매한다. GMO 작물은 일반 변종보다 물이 많이 소비된다는 단점이 있지만, 미국에서 유통되는 종자의 90%를 차지하고 있다.

그러나 애그리비즈니스는 단순히 시장의 자유경쟁만으로 존립할 수 없으므로 주 정부의 강력한 지원으로 기술 지도와 특히 보조금(수출용 등)의 지원을 기반으로 발전한다. 이 분야는 또한 농업 제국주의로 불리는 정책에도 사용되고 있다. 예를 들면 이집트에 보리를 수출하는 등 해외로 농업 생산물을 대량 공급할 때 외교 정책과 수단을 동원하기도 한다.

애그리비즈니스는 가족 농장 없이는 존재할 수 없다

애그리비즈니스는 가족 농장 없이는 존재할 수 없기도 하다. 가족 농장들이 대부분(96%)을 차지하고 있으며, 또 국내 생산의 절반 이상(63%)을 담당하고 있다. 사실 일찍이 독립형 농장은 대부분 소멸하였지만, 일부는 대기업 그룹의 하청업체로 존속하면서 계약조건에 따라 생산요소(유전자 변형 작물의 종자나 병아리 등…)나 수확물(기업들이 특정 지정업체에 주문하는 맥도날드의 샐러드용 채소 등) 생산에 종사하고 있다.

이러한 농업생산의 지배구조는 농업 종사자의 수입을 크게 압박하고 있다. 2009년부터 2020년까지 농업 종사자 수입의 중앙값(median, 통계집단의 변량을 크기의 순서로 늘어놓았을 때, 중앙에 위치하는 값)은 매우 낮아서, 가족은 농장 경영 외의 일이나 공적 원조가 없으면 생계를 꾸릴 수 없을 정도다. 애그리비즈니스가 이들 농장에 의지해 저가의 시스템으로 관리할 수 있는 것은 이런 공적 지원 덕분이기도 하다.

한편 애그리비즈니스와 달리 이런 억압 사슬에서 빠져나오려는 움직임의 하나로 협동조합이 있다. 미국에서 가장 큰 농식품 협동조합(CHS)의 연간 매출은 320억 달러를 차지하는데, 판매의 90%는 미국 국내에서 이루어진다.

또 다른 가능성은 유기농업으로의 전환일 것이다. 이 분야는 빠르게 약진하고 있지만, 아직은 소규모에 지나지 않는다(농장의 1% 이하). 그래도 생산물은 국내에 수천 개의 직거래장터인 '농가 시장'에서 팔린다고 한다. 이런 변화는 미국인들의 소비 성향이 바뀌면서 반석과도 같던 정크푸드 문화에 경고의 신호가 작동하기 시작했음을 보여준다.

미국 소고기 제품의 40% 정도를 공급하는 집단 비육장

지역마다 전문화되었던 미국의 농업은 지금도 건재하고, 종래의 광대한 농업 지대 형태의 경작 방식도 남아 있다. 그렇지만 일부 지역은 농가의 경영이나 경작 방식을 수정하여, 옥수수 단일 재배에서 옥수수와 콩의 이모작 재배로, 면화 재배(서부로 이동)에서 목초지나 광대한 관개 지역으로 바뀌었다. 또 농가의 경영이나 조직의 형태도 변화하고, 산업이 기업화되면서, 자본과 기술을 집중시켜 효율적으로 관리하고 있다.

예를 들면 꾸준히 성장하는 무토양 재배(수경 재배), 대규모 양계장, 가축의 집단 비육장인 피드랏(feed lot, 배합사료만으로 소를 키우는 노천 축사) 등이다. 이런 농축산 산업의 형태는 최근 50년간 계속 증가해 텍사스, 오클라호마, 네브래스카, 캔자스에 집중되고 있다. 이곳에서 3만 2,000마리 이상을 사육하는 집단 비육장이 미국 소고기 제품의 40% 정도를 공급하고 있다.

한편 이런 형태의 농축산업은 심각한 환경 문제를 야기하기도 한다. 과도한 수자원 개발, 병충해를 막기 위한 유전자 조작이나 항생제의 과다 사용 등으로 인해 환경 파괴뿐만 아니라 건강에도 심각한 악영향을 미칠 수 있기 때문이다.

세계를 지배하던 제조업의 탈공업화와 재편으로 몸살

이제는 미국의 제조업이 세계를 지배하던 시대가 아니다. 현재 경제 지표에서는 중국에 뒤처져 있고, 지난 반세기 동안 극심한 국제 경쟁에 노출되어 일부 산업의 불황(섬유, 자동차, 철강 등)과 공동화 현상, 제조업 고용의 저하 등 경제 전반에 걸쳐 문제를 겪고 있다. 그러나 미국의 제조업이 국제 시장에서 위상이 낮아진다고 해도 생산성 자체는 꾸준히 상승하고 있다는 점은 주목할 필요가 있다.

제조업 중심지가 북동부와 중서부에서 남동부와 남서부로 이동

미국의 제조업은 2018년 현재 GDP의 11.3%를 차지하고 있다(1995년은 15.9%). 이로부터 파생되는 각종 경제 활동까지 고려하면 GDP의 35.4%(2013년), 고용의 21.3%에 해당한다. 이것은 실제로 미국 경제 분야에서 제조업이 차지하는 비중이 가장 높다는 이야기다.

다만 국제 무역에서 차지하는 비율만 따지면 사정이 다르다. '메이드 인 USA'의 세계 시장 점유율은 30년간 15%에서 9%로 낮아졌다. 미국의 제조업 총액은 1970~2000년 동안 전 세계의 25~30%였던 반면, 2018년은 16.6%에 불과하며 중국(18%)에 추월당한 상황이다. 총액 기준으로 볼 때 1950~2018년 사이에 실질적으로 5배 이상 늘어난 것인데도 그렇다.

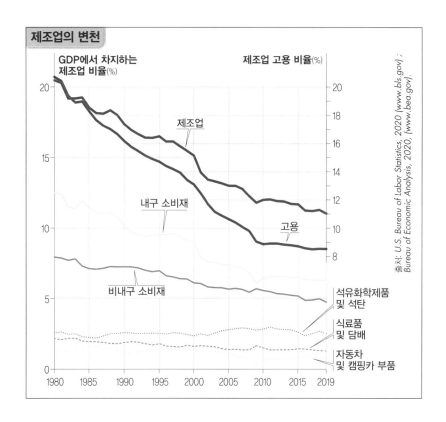

제조업의 변천

GDP에서 차지하는
제조업 비율(%)

제조업 고용 비율(%)

제조업

내구 소비재

고용

비내구 소비재

석유화학제품
및 석탄

식료품
및 담배

자동차
및 캠핑카 부품

출처: U.S. Bureau of Labor Statistics, 2020 (www.bls.gov) ;
Bureau of Economic Analysis, 2020, (www.bea.gov).

제조업의 고용 비중도 1970년 26.4%에서 2020년 8.5%로 감소했다. 제조업 고용자 수는 1970년부터 2000년까지 1,700만 명에서 1,900만 명 사이를 왔다 갔다 했지만, 그 이후는 급격히 줄어들어 2015년에는 1,220만 명, 2020년 상반기에는 1,280만 명이었다.

이 데이터는 그동안 미국이 겪은 탈공업화라는 거대한 변화를 함축적으로 보여주는 수치이기도 하다. 제조업 중심지가 지리적으로 북동부와 중서부에서 남동부와 남서부로 이동한 가운데, 고용 비율은 줄어들었지만, 생산성은 5년 동안 배로 증가했다. 즉, 미국은 첨단기술을 기반으로 한 고

부가가치의 생산성이 향상하면서 지식경제로 방향을 전환 중이다.

　대표적인 예로는 세계를 주도하는 IT 첨단정보 분야를 꼽을 수 있고, 세계 제일이라 인정받는 바이오를 비롯한 항공·우주 산업도 있다. 반면 섬유 산업은 사양길에 들어선 지 오래다.

　이런 변화에 따라 첨단 산업의 전문직이 증가하면서 노동조합 가입률은 점점 감소하는 추세지만(2019년 노조 가입률은 6.2%), 이 분야의 평균 시급은 22.8달러에 달한다. 3차 산업의 새로운 프롤레타리아층으로 불리는 '맥잡(McJob, McDonald와 Job의 합성어)'에 종사하는 저임금의 단순노동자와는 임금 격차가 크다.

철강 수요의 4분의 1 이상이 해외에서 수입되고 있다

　미국에서 철강업은 산업의 위기와 부활, 그리고 한계를 상징한다. 20세기 초 북동부의 러스트 벨트인 피츠버그에 밀집되어 있었던 철강업은 국제 시장에서 경쟁력을 잃으면서 구조조정을 받게 됐다. 중국이 전 세계 철강 생산의 절반을 담당하는 반면, 미국은 겨우 5%에 불과할 정도로 추락했다.

　아르셀로미탈(룩셈부르크에 본사를 둔 세계 최대 철강기업) 등 다국적 기업이 남부로 진출한 것을 시작으로, 캐나다나 멕시코 등에도 공장을 세우는 등 유연한 생산 방식과 새로운 생산기지 구축으로 활로를 모색하고 있다. 다만 철강 산업의 본거지만큼은 여전히 동부의 피츠버그-영스타운-시카고에 축을 두고 있다.

더불어 현재 철강 생산량은 8,700만 톤(재사용은 80% 이상)으로 1975년의 생산량(8,900만 톤)에 가깝지만, 직접 고용자 수는 1975년 45만 명에서 2019년 14만 1,700명으로 감소했다(다만 파생 고용효과까지 포함하면 약 100만 명).

그러나 이러한 재편에도 불구하고 철강 산업은 위기 이전의 수준(1967년 생산량은 1억 1,500만 톤)까지는 회복하지 못한 상태다. 철강기업이 이윤을 창출하기 어렵다 보니 현재는 생산시설의 3분의 2만 가동되고 있을 뿐이며, 철강 수요의 4분의 1 이상이 해외에서 수입되고 있다. 그래서 국내 산업을 보호하기 위해 수입 철강에 대해 관세를 부과했다.

과거 자동차의 도시로 영화를 누렸던 디트로이트의 몰락

제조업의 전반적인 수치를 보면 남서부의 캘리포니아와 텍사스가 동부의 일리노이, 오하이오, 인디애나, 노스캐롤라이나를 능가하고 있다. 미국 제조업의 변화를 이끄는 선두 주자는 첨단기술의 대표적 거점인 샌프란시스코인데, 1994년 5%였던 실리콘밸리의 특허 비율은 2018년 12.2%로 상승했다. 그다음을 로스앤젤레스, 뉴욕, 시애틀, 보스턴, 워싱턴, 오스틴 등이 뒤를 잇고 있다.

이렇게 남서부 지역이 다른 지역을 압도하는 상황이지만 기존의 산업 중심지였던 시카고나 미니애폴리스(스카치테이프를 창안한 3M 그룹의 본사) 등도 여전히 건재하다. 신흥 산업지대로 부상한 선 벨트에서 거둔 이익이 증대함에 따라 미국의 지역 간 균형은 회복되고 있지만, 여기에는 새로운

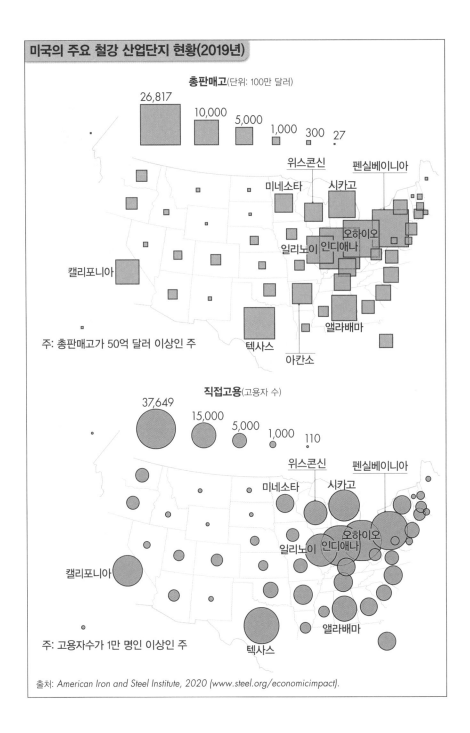

미국의 주요 철강 산업단지 현황(2019년)

총판매고(단위: 100만 달러)

26,817 10,000 5,000 1,000 300 27

위스콘신
펜실베이니아
미네소타
시카고

일리노이 인디애나 오하이오

캘리포니아

주: 총판매고가 50억 달러 이상인 주

텍사스

앨라배마

아칸소

직접고용(고용자 수)

37,649 15,000 5,000 1,000 110

위스콘신
펜실베이니아
미네소타
시카고

일리노이 인디애나 오하이오

캘리포니아

주: 고용자수가 1만 명인 이상인 주

텍사스

앨라배마

출처: American Iron and Steel Institute, 2020 (www.steel.org/economicimpact).

불균형도 발생하고 있다. 주로 이득을 보고 있는 것은 남부에서도 대도시에 국한되어 있기 때문이다.

한편, 북동부 러스트 벨트에서는 공장 폐쇄 등 일부 지역이 여전히 불황에 허덕이는데 각종 구제책도 별다른 효과를 거두지 못하고 있다. 특히 정부는 적극적으로 나서지 않고 있는데, 설령 개입하더라도 관련 조직을 손보는 정도에 그칠 뿐이다. 그러면서 방치된 황무지나 빈집이 늘어나고, 실업률도 높아지고, 공공서비스나 환경의 질도 떨어지는 악순환이 벌어지고 있다. 그에 따라 부유층은 다른 도시로 이주하고, 범죄율은 높아졌으며, 경제적 고립은 심화하는 중이다.

과거 자동차의 도시로 영화를 누렸던 디트로이트의 몰락과 참상은 잘 알려졌지만, 이 밖에도 산업의 변화에 따라 황폐해진 도시는 많다. 철강으로 번창하던 인디애나주의 게리도 현재 쇠락의 길을 걷고 있다.

미국 다국적 기업의 절반이 제조업 분야에 집중되어 있다. 이렇게 제조업이 대기업에 편중되어 있다 보니 국경을 넘은 생산시스템의 구축이 가능한 자동차 등 일부 산업은 주변 국가를 통해 경쟁력을 어느 정도 보완하게 됐다.

예를 들어 수입되는 자동차 부품의 절반은 캐나다나 멕시코에서 제조되고 있는데, 특히 멕시코는 부가가치가 높은 모델의 생산을 맡고 있다. 왜냐하면 생산시스템에서는 물류와 생산 비용 등 효율적인 운영을 무시할 수 없기 때문이다.

지식경제의 주역 IT기업은
서부의 실리콘밸리에 집중

지식경제, 크리에이티브 클래스(과학·디지털 등 첨단 직업을 종사하는 창조형 인재), 첨단 연구 활동, 정보경제, 그리고 공유경제 등 세계 경제의 급격한 변동을 상징하는 새로운 용어들이 봇물 터지듯 생겨나고 있다. 그러나 끊임없는 기술혁신은 고용의 감소와 불안의 요인으로 작용하는 한편, 반대로 이러한 현상에 혜택을 누리는 것은 대도시뿐이다.

캘리포니아의 스탠퍼드대는 대학 자체가 기술혁신의 중심

원래 기술혁신(innovation)이라는 말은 '첨단 산업'의 전유물이었다. 그러나 최근 들어 마이크로소프트, 오라클, IBM 같은 컴퓨터 소프트웨어 부문은 물론 제조업(자동차, 항공기, 생명공학 등), 건강·에너지 분야 등 경제 활동 전체의 핵심 용어로 자리잡았다.

첨단 분야의 일자리는 다른 분야보다 빠르게 증가해 경기 후퇴 후 새로 생긴 일자리의 3분의 2를 차지했으며, 현재 미국 전체 일자리의 9%(관련 분야까지 포함하면 20%), GDP에서는 17%를 차지하고 있다. 그런데도 전체 무역 수지는 적자인데, 다만 군수 산업 분야만 정부의 강력한 자금 지원 덕분에 세계 질서를 주도하는 미국의 힘의 원천으로 작용하고 있다.

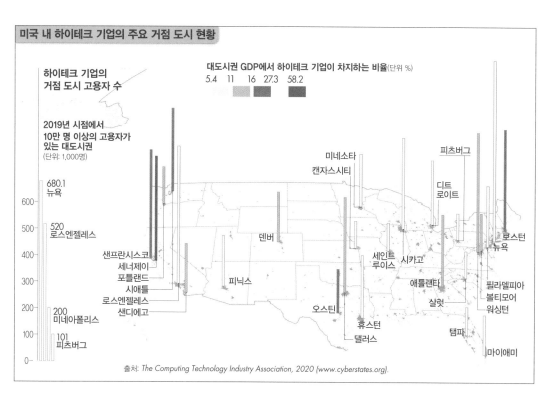

미국 내 하이테크 기업의 주요 거점 도시 현황

하이테크 기업의
거점 도시 고용자 수

대도시권 GDP에서 하이테크 기업이 차지하는 비율(단위 %)
5.4   11   16   27.3   58.2

2019년 시점에서
10만 명 이상의 고용자가
있는 대도시권
(단위: 1,000명)

680.1
뉴욕
600 —
500 —
520
로스엔젤레스
400 —
샌프란시스코
세너제이
300 —
포틀랜드
시애틀
로스엔젤레스
200 —
샌디에고
200
미네아폴리스
100 —
101
피츠버그
0 —

미네소타
캔자스시티

피츠버그

디트
로이트

덴버

세인트
루이스
시카고

보스턴
뉴욕

피닉스

애틀랜타
샬럿

필라델피아
볼티모어
워싱턴

오스틴

휴스턴
댈러스

탬파

마이애미

출처: The Computing Technology Industry Association, 2020 (www.cyberstates.org).

한편 세계 최고 상위권 대학들은 학자금 대출이 1조 6,000억 달러를 넘었는데, 세계에서 모여든 뛰어난 학생들이 지식경제 관련 분야에서 여전히 두각을 나타내고 있다.

1950년대부터 과학기술의 거점이 대학 주변에 세워지면서 스탠퍼드 대학처럼 대학 자체가 기술혁신의 중심이 되었다. 하버드대와 매사추세츠공대(MIT)는 보스턴, 프린스턴대는 뉴저지에 자리 잡고 있는데, 이처럼 대부분의 유명 대학들이 북동부에 있다는 것은 그 지역이 여전히 경제적 활력의 중심부라는 사실을 증명한다. 뒤를 잇는 것은 캘리포니아로 버클리와 스탠퍼드는 샌프란시스코, 캘리포니아공과대학(Caltech)은 로스앤젤

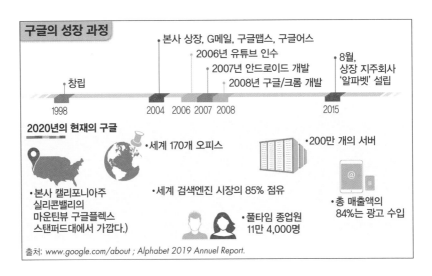

구글의 성장 과정

본사 상장, G메일, 구글맵스, 구글어스
2006년 유튜브 인수
2007년 안드로이드 개발
2008년 구글/크롬 개발

창립

8월,
상장 지주회사
'알파벳' 설립

1998　　　　2004　2006 2007 2008　　　　2015

2020년의 현재의 구글

• 세계 170개 오피스

• 200만 개의 서버

• 본사 캘리포니아주
실리콘밸리의
마운틴뷰 구글플렉스
스탠퍼드대에서 가깝다.)

• 세계 검색엔진 시장의 85% 점유

• 풀타임 종업원
11만 4,000명

• 총 매출액의
84%는 광고 수입

출처: www.google.com/about ; Alphabet 2019 Annuel Report.

미국의 대학 국내외 순위

세계와 국내 순위(2021년)

대학	세계 상하이교통대고등교육연구소	포브스	국내 US뉴스
하버드대	1	1	2
스탠퍼드대	2	2	#6(tie)
메사추세츠공과대	4	5	#3(tie)
버클리대	5	29	22
프린스턴대	6	4	1
컬럼비아대	8	14	#3(tie)
칼텍	9	6	12
시카고대	10	16	#6(tie)
예일대	11	3	#3(tie)
UCLA	11	48	20
코넬대	13	15	17
워싱턴대	14	79	62
존스홉킨스대	16	30	#10(tie)
펜실베이니아대	17	7	#6(tie)
샌디에고대	18	15	37
미시간대(앤아버)	20	7	25
워싱턴대(세인트루이스)	22	38	19
위스콘신 메디슨대	27	36	40
듀크대	28	87	#10(tie)
노스웨스턴대	29	8	9

출처: US News ; shanghairanking.com ;
timeshighereducation.com

레스에 있다.

이렇게 약진하는 정보·기술 경제의 상징이 구글이다. 구글을 산하에 둔 지주회사 알파벳은 2020년 3월 시가총액이 8,000억 달러로 세계 제4위의 기업이 됐다. (2019년 총매출 1,620억 달러, 순이익 396억 달러).

1998년 실리콘밸리에서 창립한 구글은 펜타곤보다 넓은 본사 사옥을 갖고 있으며, 벤처기업과 미디어·광고대행사가 밀집해 있는 뉴욕 맨해튼의 실리콘앨리(플랫 아이언 빌딩과 첼시 지구)에도 투자했다. 이를 통해 알 수 있듯이 구글은 회사의 주요 부문을 각 지역의 특성에 맞게 배치하는 경영 전략을 구사하

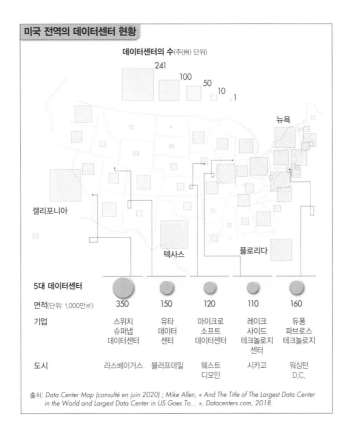

미국 전역의 데이터센터 현황

데이터센터의 수(주(州) 단위)

241 100 50 10 1

뉴욕

캘리포니아

텍사스   플로리다

5대 데이터센터					
면적(단위: 1,000만㎡)	350	150	120	110	160
기업	스위치 슈퍼냅 데이터센터	유타 데이터 센터	마이크로 소프트 데이터센터	레이크 사이드 테크놀로지 센터	듀퐁 파브로스 테크놀로지
도시	라스베이거스	블러프데일	웨스트 디모인	시카고	워싱턴 D.C.

출처: Data Center Map (consulté en juin 2020) ; Mike Allen, « And The Title of The Largest Data Center in the World and Largest Data Center in US Goes To… », Datacenters.com, 2018.

고 있다.

세계 최고의 검색엔진으로 불리는 구글은 업종이 다양해지면서 건강과 금융 분야까지 확장하고 있다. 그런데도 그룹 차원에서 공급하는 일자리는 11만 9,000명에 불과하다(백인 54.4%, 아시아계 39.8%). 이것은 디지털을 기반으로 하는 기업구조가 집중화·고도화로 바뀌면서 이전보다 일자리가 많이 만들어지지 않는다는 사실을 보여준다.

대도시는 첨단 산업으로 성장하고 과실을 차지하는 대표적 지역

　편안한 생활환경(문화, 교육, 건강, 주거 등)으로 전문직을 끌어들이는 대도시는 첨단 산업으로 성장하고 그 과실을 차지하는 대표적 지역이다. 샌프란시스코 남동부에 있는 산타클라라계곡의 실리콘밸리가 대표적인데, 그 외에도 미국을 대표하는 혁신기업들로 인해 주목받는 대도시가 많다.

　예를 들어 시애틀(마이크로소프트 본사), 텍사스(DELL)를 비롯해 디트로이트에서는 지역 GDP의 10%가 첨단기술 산업에 속해 있으며, 캔자스주의 중남부 최대 도시인 위치토는 항공 산업으로 번창하고('세계 하늘의 도시'라 불린다) 있다. 또 값싼 토지 덕택에 다양한 기술혁신 기업이 모이는 솔트레이크시티는 '미래의 실리콘 도시'로 불린다고 한다.

　한편 이렇게 발생하는 방대한 정보(클라우드)를 저장하는 '데이터 센터'의 설립도 증가하고 있다. 첨단 산업을 위해서 필수적인 데이터 센터는 예상처럼 인간의 노동력과 아주 무관하지는 않은데, 전 세계의 40%를 미국이 유치해 약 50만 명을 고용하고 있다. 세제 혜택을 받은 이들 시설은 고객 가까이 있으면서 신속한 서비스를 유지하기 위해 대도시 근방에 자리 잡은 경우가 많다. 뉴욕, 시카고, 실리콘밸리, 댈러스, 애틀랜타 등 각 지역을 대표하는 대도시가 주요 소재지다.

　이러한 데이터 센터를 냉각하기 위해서는 대량의 전력이 필요하므로 대도시 근교에서는 수중 데이터 센터를 테스트하고 있다. 바닷물로 냉각하거나 파도의 고저를 이용하는 파력(波力) 발전으로 만든 전력을 사용하는 게 효율적이기 때문이다.

셰일 석유 · 가스를 개발한
세계 1위의 에너지 소비국

2020년 미국의 세계 에너지 소비량은 17%다. 세계 인구의 4.25%를 차지하는 나라치고는 많은 편이다. 1차 에너지(가공변환 전 자연에 의한 에너지) 소비에서는 2011년 중국에 1위 자리를 내줬지만, 석유에서는 여전히 1위이며, 세계 수요의 20%를 소비하고 있다. 이러한 에너지 문제는 앞으로 해결해야 할 중요한 과제가 되고 있다.

에너지 수요의 80%를 석유(36%) 천연가스(31%) 석탄(13%)에서 충당

거대한 개인 주택이 많은 미국에서는 일상생활을 유지하는 데 대량의 전기가 필요하다. 난방, 조명, 가전제품 외에 에어컨도 널리 보급되어 있어 주택용 에너지 소비는 미국 전체 전력 소비의 16%를 차지하며 상업용 (12%)보다 비중이 높다. 다만 산업용 35%, 수송용 37%보다는 낮다.

미국의 특징이기도 한 에너지의 과다 사용이 급속 페달을 밟은 것은 1950년대 이후부터, 정점은 1970년대로 경제성장의 그래프와 일치한다. 그러던 것이 2008~2009년 리먼 사태로 다소 감소세로 돌아섰지만, 최근 에너지 소비는 다시 증가해 2018년에 기록적으로 상승했다.

2018년 현재 미국 에너지 수요의 80%는 화석연료 즉 석유(36%) 천연

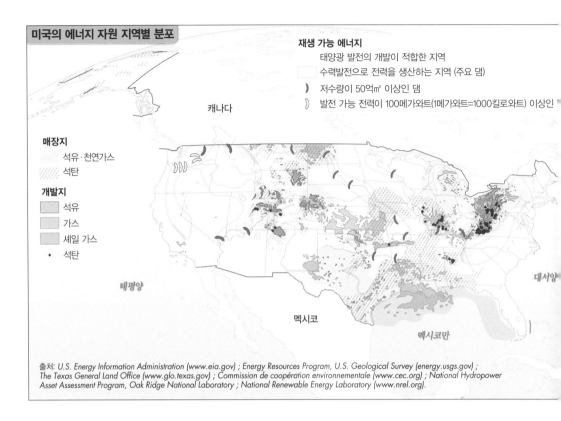

가스(31%) 석탄(13%)에서 충당되고 있다. 또한 2010년대 초 이후에는 원자력(8%)이 재생 에너지(11%)를 밑돌고 있다.

한편, 19세기부터 20세기 전반까지의 미국 경제성장의 중요한 전력원이었던 수력 발전은 현재 재생 에너지의 미래를 이끄는 선두주자다. 다른 재생 에너지(풍력, 태양광, 바이오매스, 지열 등)는 아직 소수지만 환경 문제를 중시하는 투자가나 정치가로부터 높은 주목을 받고 있다.

미국의 국토에는 1차 에너지가 모여 있다. 화석(석탄, 석유, 천연가스)과 원자력(우라늄)뿐 아니라 재생 에너지 자원도 풍부하다.

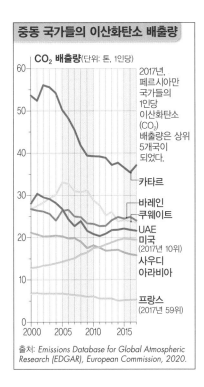

중동 국가들의 이산화탄소 배출량

CO₂ 배출량(단위: 톤, 1인당)

2017년, 페르시아만 국가들의 1인당 이산화탄소(CO₂) 배출량은 상위 5개국이 되었다.

카타르
바레인
쿠웨이트
UAE
미국 (2017년 10위)
사우디 아라비아
프랑스 (2017년 59위)

출처: *Emissions Database for Global Atmospheric Research (EDGAR), European Commission, 2020.*

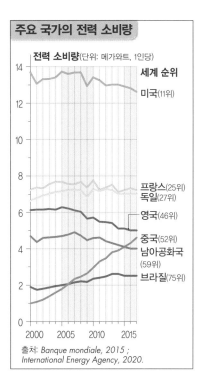

주요 국가의 전력 소비량

전력 소비량(단위: 메가와트, 1인당)

세계 순위
미국(11위)
프랑스(25위)
독일(27위)
영국(46위)
중국(52위)
남아공화국(59위)
브라질(75위)

출처: *Banque mondiale, 2015 ; International Energy Agency, 2020.*

에너지 생산의 40%는 불과 3개 주에서 확보되고 있다. 텍사스(석유, 천연가스)와 펜실베이니아(천연가스, 석탄), 와이오밍(석탄)이다. 한편 해양 개발은 멕시코만에 집중되어 전체 석유 중 17%를 생산하고 있으며, 원유 정제 공장과 가스 가공 공장 등이 연안에 있다.

2010년 이후에는 셰일 석유·가스 덕분에 국내 생산량이 증가하고 있다. 2018년에는 1940년 이후 처음으로 석유 수출이 수입을 앞질렀다. 자국의 풍부한 에너지원에도 불구하고, 세계 에너지 시장의 안정 문제가 외교 정책에 큰 영향을 미치고 있다. 참고로 2019년에는 수입한 석유·천연가스의 3분의 2 이상이 다음 5개국에서 들어왔는데, 이들은 전략적 동맹

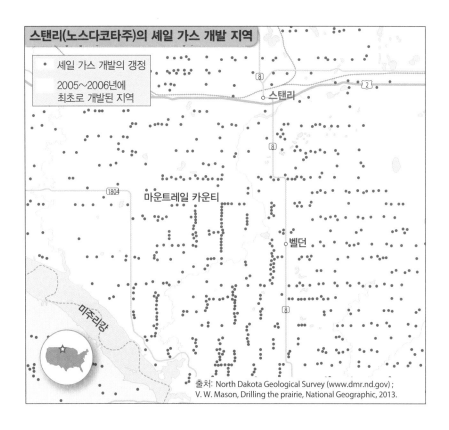

스탠리(노스다코타주)의 셰일 가스 개발 지역

● 셰일 가스 개발의 갱정

2005~2006년에
최초로 개발된 지역

스탠리

마운트레일 카운티

벨던

미주리강

출처: North Dakota Geological Survey (www.dmr.nd.gov) ;
V. W. Mason, Drilling the prairie, National Geographic, 2013.

국으로서 관계를 유지해야 할 나라이기도 하다. 5개국은 캐나다(49%), 멕시코(7%), 사우디아라비아(6%), 러시아(6%), 그리고 콜롬비아(4%)이다.

셰일 석유와 셰일 가스가 경제적 이익과 에너지 자립의 수단

셰일 혁명이 시작된 것은 2000년대부터다. 비재래형(Non-conventional)이라고도 불리는 셰일은 땅속 깊숙이 있어서 석유 추출에 특수한 기술이 필요하다. 수직으로 뚫어 경정을 여러 개, 그것도 수지가 맞는 기간 내(2, 3년)에 생산해야 하며, 이 과정에서 함유층을 파쇄하는데 수압파쇄법(초고압의 물을 주입하는 방법)이라는 특수한 추출법이 사용되고 있다.

미국은 기술적으로 개발할 수 있는 셰일 매장량이 세계에서 가장 많은 나라 중 하나이며, 캐나다(엘버타주)와 함께 산업으로 가장 먼저 개발에 나선 나라 하나이기도 하다.

2008년부터 2018년 사이에 셰일 가스 생산이 10배 이상으로 늘어났고, 지금은 셰일 석유 생산량이 그 이상으로 늘었다. 2020년 미국의 셰일 석유 생산량은 28억 배럴로 세계에서 가장 높은 수치다. 셰일 석유·가스 생산은 노스다코타주의 서북부의 스탠리(바켄 지층)와 텍사스주 서부의 퍼미안 분지(이글퍼드 지층) 등 2개 지역에 집중되어 있다.

노스다코타주 서북부 마운트레일 카운티의 스탠리는 셰일 붐을 상징하는 곳이다. 2000~2010년은 셰일 열풍으로 들끓었는데, 2006년 바켄 지층에서 석유 광맥이 발견되면서 탄생한 '엘도라도'에서는 농부들이 몇 년 사이에 가만히 앉아서 거금을 손에 쥐었다. 굴착이 이루어지는 토지의 광업권을 가진 덕분이었다. 여러 지역에서 셰일을 시추하면서 고용도 활발한데, 물론 대부분 남성이다.

한편 경기가 후퇴하면서 이런 난개발이 환경에 미치는 심각한 영향도 드러나게 되었다. 굴착에 의한 자연환경 파괴, 공기오염(특히 메탄가스 유발), 파쇄 시에 사용되는 화학물질에 의한 수원이나 지하 오염 등이다. 그러나 정부 차원에서 셰일 석유와 셰일 가스를 경제적 이익, 지정학적 에너지 자립을 촉진하는 최고의 수단으로 간주하면서 규제가 대폭 완화됐다. 이것은 미국에 새로운 석유 붐을 일으켰다.

기후 온난화와 난개발로 콜로라도강의 가뭄이 심각

미국인은 세계에서 가장 많은 물을 소비하며, 2017년 평균 물 소비량은 국민 1인당 연 220톤에 이른다. 이 수치는 주로 가정용, 제조업, 농업과 에너지 산업에 사용되는 양이다. 그러나 최근 들어 물 사용에 대한 의식이 전체적으로 높아져 2000년대 중반 이후에는 감소세로 돌아서고 있다.

최근 물 소비량의 감소는 기술 향상과 수자원 보존의 여론 덕분

1960~1970년대 물 사용량의 급격한 상승은 당시 성장이 두드러졌던 농업과 에너지 산업에서 수요가 천문학적으로 늘어난 데서 설명할 수 있다. 2015년 현재에도 농업과 에너지 분야는 물 소비량에서 전체의 상위를 차지한다. 전기 발전과 열 생산 이용에 41%, 관개농업에 37%, 나머지는 제조업, 공공 이용, 가정용 등이다.

20세기 후반 생활 수준의 향상은 가정의 물 소비량이 5배로 증가한 데서도 알 수 있다. 1950년 1인당 하루 평균 물 사용량은 64L에서 2015년에는 314L로 늘었다

한편, 미국인의 최근 물 소비량이 감소하는 것은 기술의 향상과 동시에

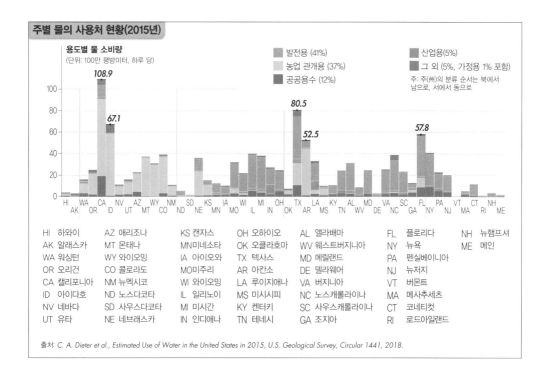

주별 물의 사용처 현황(2015년)

용도별 물 소비량
(단위: 100만 평방미터, 하루 당)

■ 발전용 (41%)   ■ 산업용(5%)
■ 농업 관개용 (37%)   ■ 그 외 (5%, 가정용 1% 포함)
■ 공공용수 (12%)   주: 주(州)의 분류 순서는 북에서 남으로, 서에서 동으로

HI	하와이	AZ	애리조나	KS	캔자스	OH	오하이오	AL	앨라배마	FL	플로리다	NH	뉴햄프셔
AK	알래스카	MT	몬태나	MN	미네소타	OK	오클라호마	WV	웨스트버지니아	NY	뉴욕	ME	메인
WA	워싱턴	WY	와이오밍	IA	아이오와	TX	텍사스	MD	메릴랜드	PA	펜실베이니아		
OR	오리건	CO	콜로라도	MO	미주리	AR	아칸소	DE	델라웨어	NJ	뉴저지		
CA	캘리포니아	NM	뉴멕시코	WI	와이오밍	LA	루이지애나	VA	버지니아	VT	버몬트		
ID	아이다호	ND	노스다코타	IL	일리노이	MS	미시시피	NC	노스캐롤라이나	MA	메사추세츠		
NV	네바다	SD	사우스다코타	MI	미시간	KY	켄터키	SC	사우스캐롤라이나	CT	코네티컷		
UT	유타	NE	네브래스카	IN	인디애나	TN	테네시	GA	조지아	RI	로드아일랜드		

출처: C. A. Dieter et al., Estimated Use of Water in the United States in 2015, U.S. Geological Survey, Circular 1441, 2018.

수자원을 보존하자는 여론이 높아졌기 때문이다. 그래서인지 1980년에 최고치를 기록한 뒤 물 사용량은 35년간 꾸준히 감소해 25%대로 내려왔다. 그동안 인구가 40%나 증가했는데도 그렇다.

하지만 지역 간 물 소비의 격차는 여전하고, 그에 따른 각 주의 경제적 특징도 분명하게 드러난다. 서부(캘리포니아, 아이다호)는 관개농업에 크게 의존하는 반면, 남부와 중서부(텍사스, 플로리다, 루이지애나)는 주로 에너지 생산에 물이 사용되고 있다.

7개 주의 약 4,000만 명이 물 공급을 콜로라도강에 의지

콜로라도강 유역은 강수량과 강설량의 꾸준한 감소와 기후 온난화로 인해 1980년대 말부터 건조한 공기층이 끊임없이 증가하고 있다. 가장 큰 영향을 받은 곳은 로키산맥과 태평양 연안으로, 캘리포니아를 정기적으로 덮치는 산불이 그것을 증명한다. 또한 물 부족에 직면한 이곳은 엄격한 절수 정책을 시행해야 하는 상황에 직면해 있다.

또한 콜로라도강 유역은 2000년 이후 유량이 급격하게 줄어들고 있다.

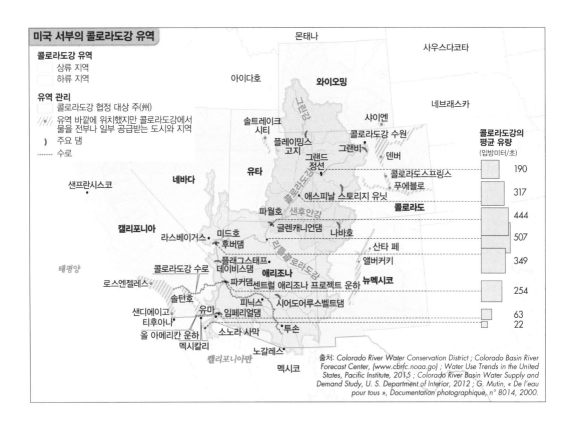

출처: Colorado River Water Conservation District ; Colorado Basin River Forecast Center, (www.cbrfc.noaa.go) ; Water Use Trends in the United States, Pacific Institute, 2015 ; Colorado River Basin Water Supply and Demand Study, U. S. Department of Interior, 2012 ; G. Mutin, « De l'eau pour tous », Documentation photographique, n° 8014, 2000.

로키산맥을 수원으로 하는 이 강은 캘리포니아만으로 흘러 들어가는데, 물의 70%는 농업(관개)에 사용되고 나머지는 전력 생산과 가정용수로 활용되고 있다. 물 공급을 콜로라도강에 의지하는 인구는 약 4,000만 명으로, 콜로라도강이 횡단하는 7개 주(캘리포니아, 네바다, 콜로라도, 유타, 애리조나, 뉴멕시코, 와이오밍)에 걸쳐 있다.

전력을 생산하는 14개의 댐 덕분에 인공 호수가 건조화되는 것은 막았지만, 호수의 저수량은 최저 수준이다. 2020년 후버댐 하류에 있는 미드호의 수량은 총저수량의 43%밖에 되지 않았다.

1922년 합의된 콜로라도강 협정은 강을 끼고 있는 주에서 콜로라도강의 물의 분배를 결정하는 것이었다. 그러나 협정 체결 이후 인구 증가가 제각기 달랐던 각 주의 역학 관계가 바뀌었고, 애초 강의 유량을 너무 많이 산정했던 것이 오히려 문제를 더욱 복잡하게 만들었다.

그 결과 콜로라도강 상류의 축산업자와 인구가 계속 증가하는 도시 주민들(피닉스, 라스베이거스, 로스앤젤레스) 사이에 긴장이 고조되고 있다. 물 쟁탈전은 강 유역에서 관개를 활용한 개발이 진행되면서 더욱 가속화됐다. 이 때문에 콜로라도강의 수자원에 가해지는 압박이 커졌고, 델타 지대는 거의 말라붙어 강물이 바다까지 도달하지 못하는 상황이다.

멕시코와 국경을 이루는 리오그란데강 하류 지역의 긴장이 고조

멕시코, 캐나다 등 이웃 나라와 많은 강을 공유하는 미국은 분쟁을 막기 위해 일찍부터 국경에 걸친 강의 유역 관리정책을 추진해왔다. 그래서

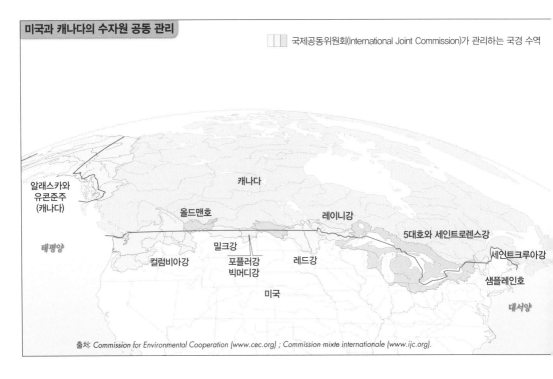

미국과 캐나다의 수자원 공동 관리

국제공동위원회(International Joint Commission)가 관리하는 국경 수역

캐나다

알래스카와
유콘준주
(캐나다)

올드맨호

레이니강

5대호와 세인트로렌스강

세인트크루아강

태평양

컬럼비아강

밀크강

포플러강
빅머디강

레드강

샘플레인호

미국

대서양

출처: Commission for Environmental Cooperation (www.cec.org) ; Commission mixte internationale (www.ijc.org).

1909년 미국과 캐나다는 경계수역 조약에 따라 분쟁을 막고 해결하기 위한 국제공동위원회(IJC, International Joint Commission)를 만들었다. 수리 시설 계획과 환경 대책을 통해 국경을 넘나들며 물을 사용하는 데 따른 충돌을 막는 것이 목적이었다.

반면 콜로라도강과 리오그란데강을 공유하는 멕시코와의 관계는 여전히 긴장 상태가 해소되지 않고 있다. 두 강의 유역 관리는 1944년 성립된 조약으로 결정됐는데 어디까지나 미국에 유리한 내용이었다. 특히 멕시코와 국경을 이루는 리오그란데강의 하류 지역에서 긴장이 고조되고 있다. 멕시코 정부는 미국 측이 각종 오염물질을 흘려보낸 결과 하류의 수질이 악화하고 있다는 점(염화, 부영양화)을 문제 삼고 있다.

광대한 국토에 빈발하는
자연재해로 인한 대참사

미국의 지리적인 상황을 보면 광범위한 지역에 걸쳐 돌발적인 자연재해에 노출되어 있음을 알 수 있다. 발달한 경제와 기술 덕분에 이론적으로는 위험에 대비해 안전하게 대처할 수 있다고 해도 자연재해나 인재로 인한 피해가 줄지 않고 있다. 2005년 미국 남동부를 덮친 허리케인 카트리나 참사에서 분명히 드러났듯이 말이다.

남부 지역의 허리케인과 서부 연안의 지진이 대참사를 예고

일반적으로 자연재해 관련 리스크는 예측 범위 밖에서 일어나는 위험한 사건과는 분리해야 한다. 예측 범위를 벗어나는 사건이라는 것은 불특정 장소에서 돌발적으로 일어날 수 있는 현상이기 때문이다. 따라서 여기서 말하는 리스크는 개인이나 집단이 어느 정도 예측할 수 있는 영향을 받게 되는 경우를 가정하는 것이다. 즉, 자연재해로 인한 대참사라는 것은 예측 가능한 리스크가 현실이 되는 순간이다.

자연재해로 인한 리스크는 지질학적인 요인(지진, 화산폭발, 해일)과 기후에 의한 요인(홍수, 허리케인, 토네이도, 눈사태, 화재)으로 크게 나눌 수 있다. 여기에다 인위적인 것(원유 유출, 핵과 산업 관련 재해)을 포함할 수 있다. 유엔 조사에 의하면 미국은 현재 거대한 리스크에 노출되어 있다. 다만 강력한 경제력 덕분에 취약성은 어느 정도 보완되는 편이다.

자연적, 인위적 리스크가 큰 미국 남부는 열대 지역에 속한다. 이곳은 세계적으로도 자연재해 위험이 큰데, 그 첫 번째로 꼽히는 것이 허리케인이다. 또한 서부 연안에는 환태평양 화산대가 뻗어 단층이 있는 곳에서 예상치 못한 지진이나 화산 활동이 일어난다. 게다가 카리브해의 온기와 북극권의 한기가 부딪치는 곳이기도 해서 심각한 피해를 입히는 기상 현상 (토네이도, 폭풍우 등)이 일어나기 쉽다.

이러한 재해의 일부는 특정 계절마다 반복적으로 일어난다는 특징이 있

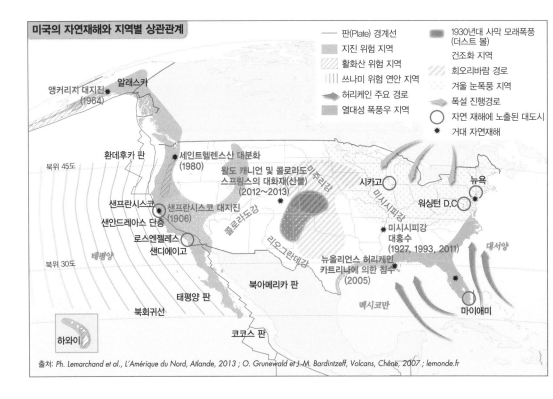

미국의 자연재해와 지역별 상관관계

출처: Ph. Lemarchand et al., L'Amérique du Nord, Atlande, 2013 ; O. Grunewald et J.-M. Bardintzeff, Volcans, Chêne, 2007 ; lemonde.fr

어서 주민들도 어떻게든 대응할 수 있게 되었다. '토네이도 앨리(Tornado Alley, 토네이도 통로)'라고 불리는 중서부는 매년 거센 회오리바람이 관통하고, 도시 전체가 정기적으로 파괴되기 때문에 각 주택의 '스톰 쉘터(Stom Shelter, 지하에 만들어진 토네이도 피난처로 미국에 있는 집의 3%에 갖춰져 있다)' 건설이 일반적이다.

태평양 연안의 캘리포니아 주민 역시 거대한 자연재해의 위험에 노출된 상태로 살고 있다. 전문가들은 언제가 될지는 모르지만 거대 지진이 올 것으로 예상하며, 소위 '빅 원(Big One, 대지진)'으로 샌프란시스코가 완전히 파괴되거나 캘리포니아가 샌안드레아스 단층(해저 단층에서 많이 볼 수 있는 변환단층)을 따라 양분될 것으로 예상하고 있다.

예외적이긴 해도 간혹 일어나는 대형 재해들은 피해의 규모면에서 차원이 다르다. 1980년 워싱턴주에서 일어난 세인트헬렌스 화산 폭발은 미국 역사상 최악의 사태가 되었는데, 폭발의 열운(熱雲)으로만 57명이 사망했고, 하늘로 치솟은 화산재는 미네소타주 동부와 콜로라도주 남부까지 날아갔다. 1989년 유조선 엑손 발데스호가 좌초한 사건도 사람들의 기억에 깊게 각인되어 있다.

이때 유출된 기름은 알래스카 연안 2,000km 이상을 오염시켰다. 1979년 펜실베이니아주의 스리마일섬 원자력 발전소에서 발생한 사고(핵연료가 녹아내림)는 기술적인 위험에 노출된 경우다. 다행히 희생자는 없었지만, 원자력 사고의 위험성을 여론에 환기하게 한 대형 사건이다.

루이지애나주 강타한 허리케인 카트리나는 미국 역사상 최악의 대재앙

　루이지애나주 남부를 강타한 허리케인 카트리나는 '제3세계의 대재앙'
으로까지 불렸는데, 이로 인한 인명의 희생과 금전의 손실은 미국 역사
상 최악이었다. 적절한 조치를 하지 않은 정부의 무능력함을 보여준 대표
적인 사례로 꼽히기도 한다. 카트리나로 인해 멕시코만 연안 지역의 100
만 명이 살던 곳에서 쫓겨났고, 사망자는 1,800명에 육박해 총피해액은
1,000억 달러로 추산됐다.

　2005년 8월 23일, 카트리나라고 명명된 허리케인이 멕시코만에서 발생

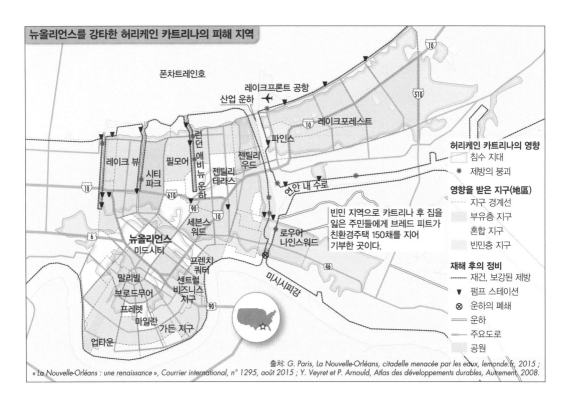

출처: G. Paris, La Nouvelle-Orléans, citadelle menacée par les eaux, lemonde.fr, 2015 ;
« La Nouvelle-Orléans : une renaissance », Courrier international, n° 1295, août 2015 ; Y. Veyret et P. Arnould, Atlas des développements durables, Autrement, 2008.

해 8월 29일, 루이지애나주의 연안을 강타했다. 이때 카트리나는 5개 등급의 카테고리 중 최고 위험 수준을 나타내는 5를 가리키고 있었다. 최대 풍속 280km가 넘는 폭풍이 뉴올리언스 마을을 휩쓸었고, 급격한 해일에 의해 제방이 무너지고, 해변은 풍비박산이 되었다.

20일 이상이나 마을의 80%가 침수된 상태로 극심한 피해를 본 주민들은 삶의 뿌리를 잃고 모두 흩어졌다. 그런데 가장 피해가 컸던 지역의 경우, 카트리나로 미시시피강이 불어났다기보다는 제방 시스템 결함에 따른 인재였다.

뉴올리언스 도시 개발의 치명적인 결점이 카트리나로 인해 드러난 것이다. 1960년대 이후 주택은 침수되기 쉬운 지역에 주로 건설됐다. 허리케인이 빈발하는 지역이었지만, 자연재해를 예방하는 기술(제방, 수문, 운하 등)이 발달해서 괜찮다고 판단했기 때문이다. 특히 카트리나의 통과로 가장 큰 피해를 본 최대 수몰 지구는 흑인 빈곤층이 주로 자리 잡은 로우어 나인스 워드 지구와 중산층 혼혈 인구가 많이 사는 레이크 뷰, 젠틸리 지구에 집중되어 있었다.

3장

아메리칸 스타일은
세계인의 이상인가?

3장 들어가기

역사가들에 따르면, '아메리칸 라이프 스타일'이라는 표현이 대중의 이미지 속에 뿌리내린 것은 1930년대라고 한다. 이 스타일은 미국인 고유의 방식이 아니었지만, 동경의 대상이 되는 라이프 스타일의 상징이 됐고, 다른 나라보다 실현하기 수월하다고 여겨진 것이다.

아메리칸 라이프 스타일은 부동산의 소유와 재화의 축적으로 상징되는데, 여기에 평등과 신앙과 기업의 자유라는 이상을 미국 사회에서 상승시키고 번영하고자 하는 희망이 합쳐진 것이다.

심지어 1776년 미국 독립선언문에서도 '절대로 양도할 수 없는 권리의 하나를 '행복의 추구'라고 강조하면서 그런 정신을 계속 이어가는 것이 미국인들이라는 의식이 강하다. 그러나 이런 미국인의 이상은 20~21세기에 부분적으로 재검토된다. 경제 위기, 사라지지 않는 인종차별, 그리고 소비 만능사회에서 이탈한 낙오자들이 자본주의 그늘에 남아 있기 때문이다.

3장 정리하기

2007년 미국에서 출발해 글로벌 금융 위기를 몰고 온 리먼 사태는 미국의 경제적·사회적 모델을 뿌리째 뒤흔들었고, 그로 인해 불평등 구조는 더욱 심화했다. 2010년대 중반부터 경제 회복세가 나타났지만, 그 혜택을 받는 것은 부유층뿐이다. 그런데도 전 세계인들이 선망하는 아메리칸드림은 사라지지 않고 있는데, 그것이 바로 불패 신화를 자랑하는 미국 경제와 아메리칸 라이프 스타일의 장점이기도 하다. 역경을 견디면 행복한 날들이 오리라고 믿는 것이다. 그러나 2020년 코로나19 팬데믹으로 노출된 미국 사회시스템의 취약성과 민주주의의 위기는 점점 뚜렷해지고 있다.

아메리칸 라이프 스타일은 과연 한계에 이르렀을까? 미국 사회의 가장 큰 매력은 부모보다 나은 삶을 살 수 있다는 점이었다. 그런데 경제적 사회적 지수가 나타내는 미국의 번영은 언제나 손이 닿을 것처럼 보여도, 현실은 소수의 미국인에게만 혜택이 주어지고 있다는 것이다. 대중의 소비 행태는 좋지 않은 결과로 이어지고(자동차 의존, 비만, 폭력 등), 그리고 사회경제적 개혁이 무력해지고, 미국인들이 정치를 외면하는 바람에 민주주의가 위기에 직면해 있다는 지적이 많다.

전원주택인 '마이 홈'에서 미국식 라이프 스타일 실현

아메리칸 라이프 스타일의 상징인 '마이 홈'은 미국인이 그리는 꿈의 중심이다. '마이 홈'이 의미하는 것은 개인적인 생활의 공간이자, 지역 공동체로 통합되는 가족 단위의 기본적인 공간이다. 이러한 꿈의 실현은 1920년대부터 내 집 마련을 우대하는 조치를 한 연방정부의 정책에 힘입은 바 크다. 이에 따라 미국인의 주택 소유율은 20세기 전반의 50% 미만에서 2004년에는 최고치인 69.1%까지 상승했다.

2020년 초에 주택 보유 비율이 미국인의 65.3%로 증가

미국인의 64.2%는 개인 주택에 살고 있다(자가 소유자의 82.9%, 세입자의 34%). 하지만 소유자의 대부분은 주택담보대출(모기지) 상환이 아직 끝나지 않은 상태다. 시장에서 가격이 계속 오르는 집은 가계에서도 중요한 투자 대상이다. 주택으로 자산을 증식하는 데 그치는 것이 아니라 그것을 담보로 다른 대출도 받을 수 있기 때문이다. 미국인의 주택 보유 현황의 속사정을 잘 보여주는 것이 2007년 이중 대출을 받은 가계를 덮친 서브 프라임 모기지 사태의 충격이다. 2013년 주택을 담보로 하는 모기지 대출금의 15%는 집의 실질적인 가치를 넘어섰다.

그러나 저소득층이 주거지를 마련하기 어려운 것은 그 때문만은 아니

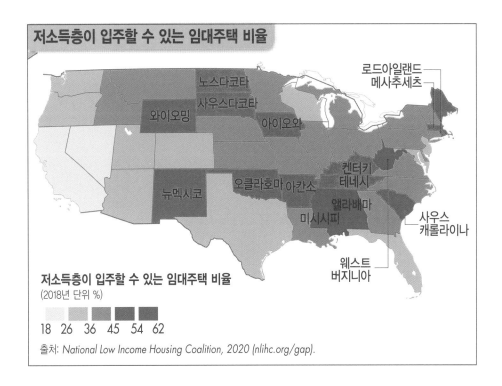

저소득층이 입주할 수 있는 임대주택 비율

노스다코타
사우스다코타
와이오밍
아이오와
로드아일랜드
메사추세츠
켄터키
테네시
뉴멕시코
오클라호마 아칸소
앨라배마
미시시피
사우스
캐롤라이나
웨스트
버지니아

저소득층이 입주할 수 있는 임대주택 비율
(2018년 단위 %)

18　26　36　45　54　62

출처: *National Low Income Housing Coalition, 2020 (nlihc.org/gap).*

다. 지도에서 나타나듯이, 대부분 주에서 입주할 수 있는 주거의 공급이
여전히 수요를 밑돌고 있다.

　주택 산업의 뚜렷한 특징은 하이테크형 산업클러스터(실리콘밸리 등)가
많아 공급이 수요를 따라가지 못하는 주에서 집값이 상승세를 보인다는
점이다. 반면 공급 상황이 나쁘지 않은 주(앨라배마주, 미시시피주, 웨스트버
지니아주 등)는 집값이 싼 곳이 많아 지역 경제의 침체를 반영한다.

　주택 산업의 위기는 2007년 이후 자가 비율이 떨어진 것에서도 확인된
다. 2016년의 62.9%는 1960년대 상황에 매우 가깝다(프랑스는 65%가 넘는
다). 2020년 초에는 주택 보유 비율이 65.3%로 증가했지만, 자가를 소유

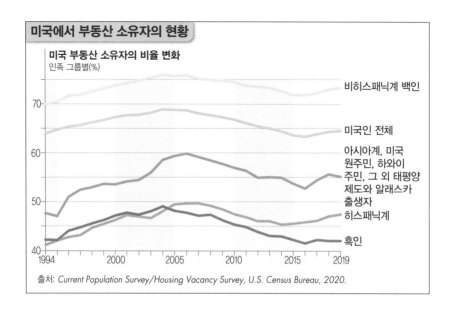

미국에서 부동산 소유자의 현황

미국 부동산 소유자의 비율 변화
민족 그룹별(%)

- 비히스패닉계 백인
- 미국인 전체
- 아시아계, 미국 원주민, 하와이 주민, 그 외 태평양 제도와 알래스카 출생자
- 히스패닉계
- 흑인

출처: *Current Population Survey/Housing Vacancy Survey, U.S. Census Bureau, 2020.*

한다는 꿈을 모두가 이룰 수 있는 것은 아니며, 더구나 사회경제적 소외 그룹은 말할 필요조차 없다.

덧붙여서 2020년도를 보면, 가계수입이 중간값 이하인 가정에서 주택이 있는 경우는 51.8%(중간값 이상은 78.8%), 흑인은 44%, 히스패닉계는 48.9%였다. 주택 가격의 중간값이 상승한 것에 비해(2000년 20만 달러, 2010년 21만 2,000달러, 2019년 7월 27만 1,800달러), 가계수입의 중앙치는 리먼 사태 이전으로 돌아오지 않고 있다.

차 2대를 주차할 수 있는 차고와 잔디밭을 갖춘 중산층 전원주택

미국의 집들은 대부분 나무로 만들어졌으며, 17세기 초에 산업화한 공

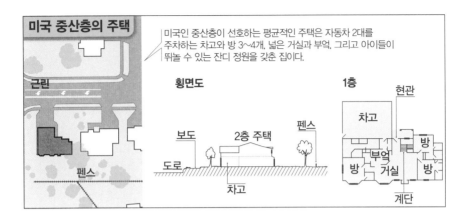

미국 중산층의 주택

미국인 중산층이 선호하는 평균적인 주택은 자동차 2대를 주차하는 차고와 방 3~4개, 넓은 거실과 부엌, 그리고 아이들이 뛰놀 수 있는 잔디 정원을 갖춘 집이다.

근린

펜스

펜스

횡면도

보도   2층 주택   펜스

도로

차고

1층

현관

차고

방

부엌

방   거실   방

계단

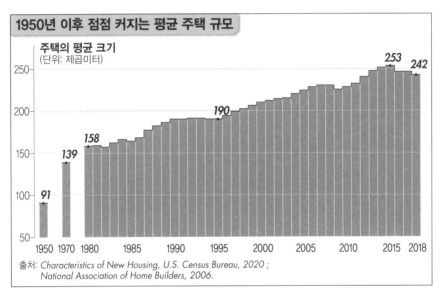

1950년 이후 점점 커지는 평균 주택 규모

주택의 평균 크기
(단위: 제곱미터)

253   *242*

190

158

139

91

1950 1970 1980   1985   1990   1995   2000   2005   2010   2015 2018

출처: *Characteristics of New Housing*, U.S. Census Bureau, 2020 ;
National Association of Home Builders, 2006.

법에 따라 건축되었다. 이 모델은 빠르고 저렴하게 건축할 수 있다는 것, 그리고 집의 크기에서 특징을 찾을 수 있다. 가족 구성원이 늘어나고 집은 점점 커지면서 현재 미국 주택의 평균 넓이는 250㎡(약 76평) 정도이다.

그런데 중요한 것은 주거 방식의 일부가 트레일러 하우스형이라는 점이다. 이 타입은 1990년대 신혼집의 17%까지 차지했다. 일반 주택보다 저렴하다는 장점 때문인데, 주거지로 사용하는 사람들은 전적으로 빈곤층이었다.

그 상위에 자리한 주택이 최근의 중간값을 차지하는 '평균적'인 집일 것이다. 차고가 딸린, 그것도 주로 자동차 2대를 주차할 수 있는 차고(차를 3대 이상 소유하는 가구는 전체의 22%)를 가진 주택, 거기에 간단한 놀이를 쉽게 즐길 수 있는 잔디를 갖춘 집이다. 시대가 변해도 실내 구조와 내부 장식에는 큰 변화가 없지만, 부엌은 거실과 이어지는 오픈 키친 형식의 디자인이 많아졌다.

미국인이 가장 좋아하는 것은 넓은 부엌이다. 차분한 색조의 나뭇결과 화강석으로 된 조리 공간이 특징인데, 조리 시간은 출신 민족에 따라 차이가 있지만 평균 15분이다. 부엌은 요리하는 장소라기보다는 가족이 함께 생활하고 즐기는 공간으로써 만들어졌다. 미국인의 주거 공간은 일반적으로 넓고, 여러 개의 욕실과 큰 옷장을 갖추는 것이 가장 큰 특징이라고 해야 할 것 같다.

잔디밭 뒤뜰에 가족을 위해 바비큐를 즐길 공간과 수영장 구비

도시를 벗어난 교외에 자리 잡은 개인 주택은 수십, 수백 채를 단위로 커뮤니티를 이루고 있다. 단독 주택의 형태를 띠고 있지만 서로 연결된 지역 커뮤니티 안에서 존재하는, 미국 가정의 가장 일반적인 생활을 상징하는 주거 공간이자, 예쁘게 깎여진 잔디 정원은 울타리 없이 대로에 접하고 있다. 어른 한 명이 그곳을 텃밭으로 만들면 주변 사람들이 따라 하고, 그래서 자연스럽게 교류하는 분위기가 조성되면서 각자가 커뮤니티와 일체감을 가지게 된다. 현관 앞 차양이 달린 작은 공간 역시 이웃과 교류할 수 있는 사교의 장이다.

담장으로 둘러싸인 뒤뜰에는 사적으로 바비큐를 즐길 바비큐그릴 세트와 수영장이 있다. 대부분 환경친화적이라고 할 수는 없지만, 그래도 미국인들이 그리는 이상적인 전원풍경의 상징이자 주택 소유를 추구하는 요인 중 하나가 되고 있다.

TV 드라마에서는 대개 지역 커뮤니티에 금세 녹아드는 가정이 등장하는데, 등장인물들이 드라마 속에서 만들어 내는 라이프 스타일이 평균적인 미국인과 꼭 일치하지는 않는다. 그래도 뭔가 문제를 안고 살아가는 가족(가공의 지역 위스테리아 거리를 무대로 하는 '위기의 주부들'이나 중산층에 오르기 위해 고군분투하는 보통의 가정을 그린 '더 미들' 등), 사회적으로 성공한 가족(리얼리티 프로그램 '더 리얼 · 하우스 와이브스' 등)의 모습에서 현대 미국인이 안고 있는 삶의 고민을 엿볼 수는 있다.

'마이 카'와 '로드 트립'은 미국인의 삶과 문화의 상징

포드사가 내놓은 전설의 차 'T형 모델'부터 자동차를 이용한 장시간 여행을 의미하는 '로드 트립'까지 차는 미국을 대표하는 하나의 상징물이다. 미국이라고 하면 다양한 차와 지평선까지 끝없이 이어지는 아스팔트 도로를 먼저 떠올리게 될 것이다. 그만큼 미국인의 일상은 차를 중심으로 이어지고, 차는 이동뿐 아니라 생활 자체를 상징하고 있다. 미국인의 자동차에 대한 의존은 과거 산업이 자동차에 집중되었던 탓도 있지만, 넓은 국토의 특성을 반영해 거미줄처럼 엮은 도로망 정책에서도 잘 드러나고 있다.

자동차 역사에서 상징적인 사건인 포드의 'T형 모델' 발표

세계에서 최초의 자동차를 만든 것은 18세기 중반 프랑스 군사기술자 (니콜라 조제프 퀴뇨에 의한 증기 삼륜 자동차)였던 것이 확실하지만, 자동차 산업으로 확장한 것은 19세기 말 미국인들이다.

1890년대 이후 수백 개의 자동차 업체가 생겨났는데, 이 중 3개 기업이 빠른 속도로 자동차 산업을 지배하기 시작했다. '디트로이트의 빅3'로 유명한 제너럴모터스, 크라이슬러, 그리고 포드다. 세 회사는 자동차 역사에서 상징적인 사건인 포드의 'T형 모델' 발표를 기점으로 자동차 제조산업의 선두 주자가 됐다. 이 모델이 성공한 것은 자동차 생산설비의 혁신을 통해 대량생산이 가능해져 가격을 낮추고, 중산층도 가질 수 있는 첫 차가

미국인의 통근 수단과 시간

통근에 사용하는 교통수단(%)

■ 자동차　■ 대중교통　■ 도보　자전거　■ 그 외 수단　■ 가사(家事)　▨ (카 셰어 포함)

	자동차	그 외 수단(카 셰어)	가사	도보/자전거	대중교통
			0.5┐ ┌1.4		
2019	(27.6)	84.8	8.9	5 2.6	5.7
2010	(25.3)	86.3	9.7	4.9 2.8	4.3
			0.5┘ └1.2		

└ 평균 통근시간 (분)

도시권 순위	통근에 걸리는 시간 (모든 통근 방법 포함, 분)
1 뉴욕/뉴어크/저지시티	37.6
2 워싱턴/알링턴/알렉산드리아	34.9
3 샌프란시스코/오클랜드/헤이워드	34.7
4 리버사이드/샌버나디노/온타리오	32.7
5 애틀랜타	32.5

도시권 순위	대중교통 이용도 (%)	도시권 순위	자전거 통근이 많은 도시(%)
1 뉴욕/뉴어크/저지시티	30.9	포틀랜드(오리건)	6.3
2 샌프란시스코/오클랜드/헤이워드	17.3	워싱턴 D.C.	5
3 보스턴/케임브리지	13.2	미니애폴리스(미네소타)	3.9
4 워싱턴/알링턴/알렉산드리아	13	샌프란시스코(캘리포니아)	3.1
5 시카고/네이퍼빌/엘진	12.1	뉴올리언스(루이지애나)	2.9

출처: *American Community Survey, 2020 ; U.S. Census Bureau ; League of American Bicyclists, 2017.*

됐기 때문이다.

1908년부터 1927년까지 1,500만 대 이상 생산된 T형 모델은 본격적인 자동차 산업 시대를 열었으며, 이로부터 미국의 자동차가 20세기 내내 세계 시장을 주도하게 됐다. 자동차 산업은 미국 GDP의 약 2.7%가량 차지하며, 자동차 제조와 판매에 의한 직접 고용은 2019년도 미국 노동 인구의 1.9%를 차지하고 있다. 그리고 지금도 자동차 업계를 지배하는 것은 디트로이트의 3대 자동차 회사다.

자동차 산업에 특화된 미시간주의 최대 도시 디트로이트가 '자동차의 거리', '모터 시티'로 불리는 것은 5대호 주변에 집중된 산업(강철, 철, 목재

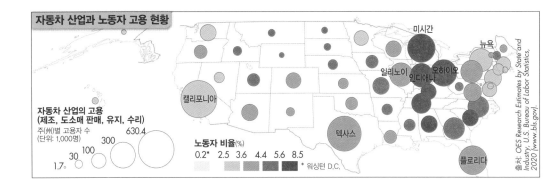

출처: OES Research Estimates by State and Industry, U.S. Bureau of Labor Statistics, 2020 (www.bls.gov).

자동차 산업과 노동자 고용 현황

미시간
뉴욕
일리노이 오하이오
인디애나
캘리포니아
텍사스
플로리다

자동차 산업의 고용
(제조, 도소매 판매, 유지, 수리)
주(州)별 고용자 수
(단위: 1,000명)   630.4
300
100
30
1.7。

노동자 비율(%)
0.2* 2.5 3.6 4.4 5.6 8.5   * 워싱턴 D.C.

산업)과 함께 '자동차왕'으로 불리는 헨리 포드의 기술과 경영의 혁신 덕분으로 설명할 수 있을 것이다.

그러나 2007~2008년 리먼 사태로 디트로이트의 자동차 산업 전체가 큰 타격을 입었고, 2009년 제너럴모터스와 크라이슬러가 파산을 신청했다. 두 거대 회사의 파산 위기는 연방정부의 긴급 재정원조 정책으로 가까스로 넘겼다.

이후 내부 구조조정이 진행되면서(제너럴모터스 일시 국유화와 피아트의 크라이슬러 인수 등) 경기에 민감한 분야이긴 하지만 두 회사는 재건에 성공했다. 2009년에는 경제 위기 영향으로 개인용 자동차 판매가 1,000만 대(2007년에는 1,610만 대)로 사상 최저를 기록했으나, 2015~2018년 당시에는 최고 수준의 매출을 기록하며 1,700만 대 이상의 차량을 판매했다.

1990년대 말 이후 가구당 평균 차량 보유 대수는 2대 초반

2018년 현재 미국인 근로자의 85%가 자동차로 출퇴근하고 있다. 다른

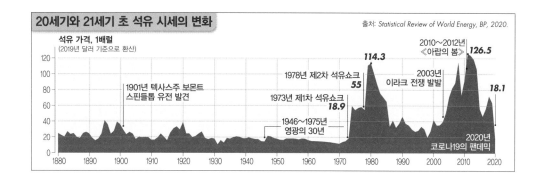

20세기와 21세기 초 석유 시세의 변화

출처: *Statistical Review of World Energy, BP, 2020.*

석유 가격, 1배럴
(2019년 달러 기준으로 환산)

- 1901년 텍사스주 보몬트 스핀들톱 유전 발견
- 1946~1975년 영광의 30년
- 1973년 제1차 석유쇼크 **18.9**
- 1978년 제2차 석유쇼크 **55**
- **114.3**
- 2003년 이라크 전쟁 발발
- 2010~2012년 《아랍의 봄》 **126.5**
- **18.1**
- 2020년 코로나19의 팬데믹

선진국과 비교하면, 대도시 외에는 전체적으로 대중교통이 발달하지 않아 대부분의 미국인은 차로 이동하지 않을 수 없는 상황이다.

각 가정이 소유한 차량 대수는 1950년대 이후 증가해, 1990년대 말 이후 가구당 평균 2대 초반에 이르렀다. 이는 OECD 소속 국가 중 최고치다. 이렇게 자동차가 많은 것은 자택에서 직장까지 출퇴근하는 데 걸리는 시간이 점점 길어지고 있기 때문이다.

반면 개인 차량이 이처럼 널리 보급된 것은 기름값이 싸다는 이유도 있다. 미국은 세계 최대의 원유 생산국이며, 석유 채굴과 정제의 긴 역사를 갖고 있다. 상업적으로 대규모 유전 개발이 처음 시작된 것은 1859년 펜실베이니아에서 에드윈 드레이크가 석유 채굴에 성공하면서부터이다.

원유의 배럴당 가격이 싼 것은 미국의 석유 자원이 풍부하고, 정부의 과세 수준이 매우 낮

미국 가구당 자동차 소유 대수

세대가 소유한 차의 평균 수

2,19

프랑스 ●

중국 ●

기 때문이다. OPEC(석유수출국기구)에 의하면, OECD 국가에서의 세율은 평균 49%인 데 반해, 미국은 20%에 불과하다.

미국 연방 당국은 고속도로 인프라, 특히 광대한 고속도로망 정비를 통해 자동차 산업의 발전을 지원하고 있다. 아이젠하워 대통령의 제안에 따라 미국의 주를 연결하는 고속도로망은 1950년대부터 연방정부가 자금을 지원해 국토 전체를 바둑판처럼 만드는 것이 목표이다. 지방 단위에서는 도시권 내 고속도로망이 건설되어 중심도시와 교외 간의 이동을 쉽게 하고 있다. 이렇게 해서 도로와 고속도로를 조합한 미국의 도로망은 전체 길이 680만km 이상으로, 세계 제일의 규모를 자랑하고 있다.

시카고와 로스앤젤레스를 잇는 최초의 대륙 횡단 도로 66번 국도

멀리 지평선까지 연결된 아스팔트 도로는 미국인의 꿈을 상징할 뿐 아니라 소설, 영화는 물론 미국인이라는 집단의 정체성에도 영감을 준다. 광활한 국토와 개척 정신, 자유로운 영혼, 나아가 자아를 발견할 수 있는 여정의 상징으로 자동차를 타고 하는 여행, 즉 '로드 트립'은 미국 문화의 상징으로 세계인의 마음을 사로잡고 있다.

미국인들에게 전설로 남아 있는 도로 중에서는 동부의 시카고와 서부의 로스앤젤레스를 잇는 66번 국도(Route 66, 길이 3,945km)가 미국 최초의 대륙 횡단 도로로 유명하다. 1920년대에 건설된 이 도로는 오랫동안 미국의 동쪽에서 서쪽을 가로지르는 주요 도로망의 중심축이었다.

정크푸드와 영양 과잉으로
미국인의 70%가 과체중

미국인의 생활에서 극적인 대비는 자동차 대수가 증가하는 반면 사람의 활동은 더욱더 줄어드는 모습이다. 일반적으로 미국인은 외출을 꺼리는 경향이 있고, 스포츠에 그다지 시간을 할애하지 않는다. 한편으로는 만족할 만큼 풍족한 식사를 하면서 늘어나고 있는 비만이 사회적 문제가 되고 있다. 미국인의 일반적인 식생활을 통해 드러나는 모순은 바로 과식과 결핍이다.

흑인과 히스패닉이 백인보다 비만도가 높고 질병에 많이 노출

WHO(세계보건기구)가 질병으로 인정한 비만은 미국 보건행정부에서 가장 중요한 문제 중 하나로 꼽힌다.

비만으로 정의되는 것은 몸무게(kg)를 키(m)의 제곱으로 나눠서 내는 지수인 BMI(체질량지수)가 30을 넘을 때다. 이는 과체중(BMI가 25에서 30 사이)보다 건강이나 수명에 더 나쁜 영향을 미치며, 특히 당뇨병이나 심장병의 위험이 증가한다.

미국인은 비만으로 인한 질병에 많이 노출되어 있으며, 인구의 42%가 비만이고, 그중 9%가 병적인 상황에 가깝다(BMI가 40 이상). 여기에 과체중을 추가하면 미국인의 71%가 과체중인 셈이다. 이 비율은 20세기 내내

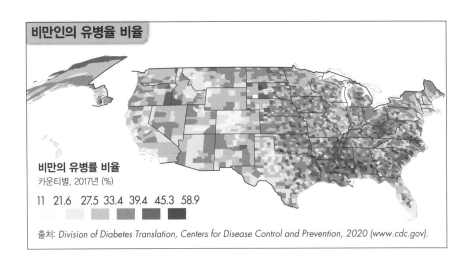

비만인의 유병율 비율

비만의 유병률 비율
카운티별, 2017년 (%)

11 21.6 27.5 33.4 39.4 45.3 58.9

출처: *Division of Diabetes Translation, Centers for Disease Control and Prevention, 2020 (www.cdc.gov).*

급상승해 비만율은 40년 만에 두 배가 됐다. 미국은 비만이 세계 최고 수준의 국가였으나, 2000년대 이후엔 멕시코가 바짝 뒤쫓고 있다.

비만의 유병률이 가장 높은 나라는 중서부와 남부의 9개 주로, 인구의 35% 이상이 비만 상태에 있다. 특히 미시시피강 유역의 미시시피주와 웨스트버지니아주는 인구의 40% 가까이가 비만이다.

또, 민족이나 성별에 따른 건강의 불균형도 심화하고 있다. 흑인과 히스패닉이 백인보다 비만 환자가 많고, 특히 흑인 여성의 56.9%가 비만이다. 이런 불균형의 원인은 소수자 계층이 다른 계층에 비해 가난한 탓에 굶주림을 채우기에

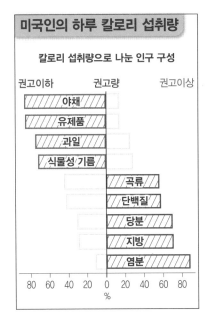

미국인의 하루 칼로리 섭취량

칼로리 섭취량으로 나눈 인구 구성

권고이하   권고량   권고이상

야채
유제품
과일
식물성 기름
곡류
단백질
당분
지방
염분

80 60 40 20 0 20 40 60 80
%

만 급급한데다, 평소 운동을 한다거나 영양과 위생 등 건강을 관리할 여유가 없기 때문이다.

그리고 이들은 품질이 나쁜 식품이나 값싼 '정크푸드'에 주로 의존하는 식생활을 하고 있어서 더 문제가 되고 있다. 또한 아메리카 원주민도 사회, 경제적으로 비참한 상황에 부닥쳐 있는데, 보호지구 대부분이 식품의 영양과 안전에서 소외된 '식품 사막(Food Desert)' 상태라고 한다.

칼로리가 높은 식품을 과잉 섭취하는 식생활이 비만의 요인

물론 비만의 원인은 여러 요인이 얽혀 있지만, 야외에서 하는 활동량에 크게 영향을 받는다는 것은 분명하다.

현대인의 운동 부족은 일종의 현상이라고 하지만 스포츠를 전혀 하지 않는 미국인은 평균 15% 정도다. 이것도 인종과 지역에 따라 큰 편차를 보이

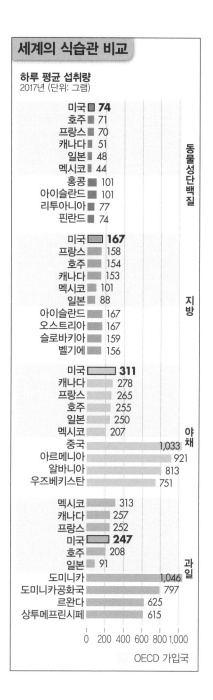

세계의 식습관 비교

하루 평균 섭취량
2017년 (단위: 그램)

동물성단백질	
미국	74
호주	71
프랑스	70
캐나다	51
일본	48
멕시코	44
홍콩	101
아이슬란드	101
리투아니아	77
핀란드	74

지방	
미국	167
프랑스	158
호주	154
캐나다	153
멕시코	101
일본	88
아이슬란드	167
오스트리아	167
슬로바키아	159
벨기에	156

야채	
미국	311
캐나다	278
프랑스	265
호주	255
일본	250
멕시코	207
중국	1,033
아르메니아	921
알바니아	813
우즈베키스탄	751

과일	
멕시코	313
캐나다	257
프랑스	252
미국	247
호주	208
일본	91
도미니카	1,046
도미니카공화국	797
르완다	625
상투메프린시페	615

0 200 400 600 800 1,000

OECD 가입국

는데, 스포츠를 하지 않는 인구 비율이 가장 높은 것은 흑인과 히스패닉계, 그리고 남부 지역이다.

그런 의미에서 2010년 미셸 오바마 여사가 주도적으로 펼친 국가적 캠페인 '레츠 무브(Let's Move)'를 통해 비만 어린이들(5명 중 1명)에게 운동의 중요성을 일깨우는 데 큰 도움이 됐다.

칼로리가 높은 식품을 많이 섭취하는 식생활 또한 비만의 요인이 되고 있다. 미국인 한 명이 일상생활에서 평균적으로 섭취하는 식사에는 지방과 당분의 함유량이 매우 높아 권고량을 초과하고 있다. 1일 칼로리 섭취량이 증가하고 있는 것은 가공식품이나, 단시간에 대량으로 제공되는 패스트푸드점에서 식사하는 인구가 증가하고 있기 때문이기도 하다.

평균적으로 미국인 3명 중 1명은 매일 패스트푸드점에서 식사하며, 어린이의 36%가량이 아무런 제한 없이 패스트푸드에 노출되어 있다. 패스트푸드 체인점에서 저렴하게 판매하는 것은 햄버거, 피자, 치킨, 멕시칸 요리, 그리고 거부하기 힘든 달콤한 과자들이다. 농무부에 따르면, 미국인들이 하루 섭취하는 칼로리는 1970년대부터 2000년까지 24.5% 증가했으며, 2014년에는 1인당 하루 평균 2,700cal에 달했다.

'식품 사막'에서 살아가는 빈곤층에게 비만과 질병은 필연적

모순적이지만 과도한 칼로리를 섭취하는 일부 그룹의 식생활은 균형 잡힌 영양식이 현실적으로 어렵다는 것을 증명한다. 이 점에서 미국에는 사회적 공간적 불균형이 명백하게 존재한다. 수입이 적어 패스트푸드의 의

음식의 사막과 빈곤층 거주 지역의 상관관계

음식의 사막에
거주하는 인구 비율
카운티별, 2015년(%)

0
4,8
14,4
28,8
48
71,8

동부로 갈수록 음식의 사막은 드문 편이고, 서부는 음식의 사막이 많은 것으로 보인다. 흰색이 반을 차지한 중부의 와이오밍주가 돋보인다. 와이오밍주는 인구가 아주 적고, (인구 100명 당 89명이 히스패닉이 아닌 백인이고 아메리카인디언은 2%에 불과함) 산악 지대의 명승지가 많아 음식의 사막이 없어 보이기 때문이다.

출처: *Food Access Research Atlas Data,*
U.S. Department of Agriculture Economic Research Center, 2020 (www.ers.usda.gov).

존도가 높거나, 운동량이 적은 빈곤 지역의 사람들이 가장 큰 희생양이 되고 있다.

이것을 데이터로 만들기 위해서, 농무부가 정의한 것이 바로 '식품 사막'이다. 수입이 적고 식품을 파는 마트에 접근하기 어려운 사람들이 사는 지역을 의미한다. 미국인의 7%가 거주하는 '식품 사막'은 도시든 농촌이든 가장 가까운 슈퍼마켓이 도시에서는 1마일(1.6km) 이상, 농촌에서는 10마일 이상 떨어져 있는 지역을 가리킨다.

신선하고 건강하고 먹기 좋은 식품을 살 수 있는 곳과 거리가 멀고, 또 이동할 수 있는 차도 없다면 그곳의 사람들은 필연적으로 패스트푸드점이나 정크푸드만 있는 상점을 찾아갈 것이다. 이런 '식품 사막'에서 살아가는 빈곤층에게 비만과 질병은 필연적이다.

도시와 자연이 공존하는
전원주택의 목가적인 생활

2010년 인구 총조사에서 미국은 도시 인구가 84%에 달했을 정도로 도시인의 나라라고
할 수 있다. 그러나 대부분의 미국인은 영화나 소설에 나오는 중심도시가 아니라 '서버
브(suburb)'라고 불리는 교외의 주택 지역에 살고 있다. 현대 생활양식과 미국의 탄생을
뒷받침한 이데올로기를 상징하는 장소이다.

개척자들이 추구한 자유인의 이상향과 결부시킨 '서버브'의 전원생활

　서버브가 미국인을 매료시키는 것은 건국의 아버지들이 가진 자유인의
이상향과 결부시켜야 한다. 독립선언서에 새겨진 미국인의 이상은 평등
한 농촌 사회에서 독립된 소지주들이 추구하는 가치인 민주주의를 기반
으로 하고 있었다. 독립선언을 기초한 제3대 대통령 토머스 제퍼슨 역시
이를 내세웠다. 미국이 독립된 시점(1776년) 당시에 도시는 인구도 적고
규모도 그리 크지 않았다. 분명 당시의 도시는 약진하는 경제의 거점이었
지만 가족과 함께 일상생활을 영위할 주택지로 선호되지는 않았다.

　오히려 당시에 도시는 타락한 지역으로 여겨져 초월주의 운동의 흐름
속에서 피해야 하는 대상이었다. 문학적이면서 철학적인 이 운동은 19세

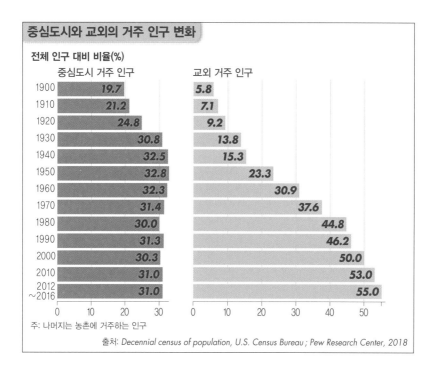

중심도시와 교외의 거주 인구 변화

전체 인구 대비 비율(%)

	중심도시 거주 인구	교외 거주 인구
1900	19.7	5.8
1910	21.2	7.1
1920	24.8	9.2
1930	30.8	13.8
1940	32.5	15.3
1950	32.8	23.3
1960	32.3	30.9
1970	31.4	37.6
1980	30.0	44.8
1990	31.3	46.2
2000	30.3	50.0
2010	31.0	53.0
2012~2016	31.0	55.0

주: 나머지는 농촌에 거주하는 인구

출처: Decennial census of population, U.S. Census Bureau ; Pew Research Center, 2018

기 전반 북동부 6개 주인 뉴잉글랜드 지역에서 나타났는데, 사람과 자연의 관계를 승화시키는 이론이다. 자연과 밀접하게 결합함으로써 사람은 비로소 자신을 초월하고 용기와 창의력을 발전시키며, 자신에게 도덕을 가르칠 수 있게 된다는 것이었다. 이에 따라 인구 과밀과 열악한 환경의 도시를 벗어나기 위해 전원풍의 시골, 또는 적어도 산업의 중심인 도시 인근의 녹음이 우거진 교외 지역에서 사는 것을 선호했다.

이른바 가정적 페미니즘, 다시 말해 사회 속에서 여성의 입장을 이론화하는 학설 또한 교외 생활의 확산에서 영향을 받았다. 이 사고의 흐름에 따라 여성은 가정 내 도덕적 가치관의 파수꾼으로서 자녀를 확실하게 교육하고, 가정을 평화롭게 관리해야 한다는 것이 강조됐다.

남성은 가계에 필요한 돈을 안정적으로 확보하기 위해 도시의 비즈니스 지구로 나가고, 집안일은 여성의 책임 아래 도시의 나쁜 영향으로부터 차단되어야 한다는 것이다.

따라서 이 이론은 정원이 딸린 단독 주택으로 이루어진 교외의 울타리 안에서 발전해 나간 것이다. 이러한 흐름으로부터 미국 사회에 깊게 심어진 것이 목가적인 삶을 이상으로 하는 교외 거주자를 '서버비아(suburbia)'라고 부르는 낭만적 가치관이다.

인구의 절반 이상은 여전히 도시 인근 교외에 살고 있다

미국에서 84%를 차지하는 도시인 가운데, 로스앤젤레스나 뉴욕, 시카고 같은 세계적인 대도시에 사는 사람은 소수에 불과하다. 인구의 절반 이상은 여전히 도시 인근 교외에 살고 있는데, 이들은 2010년 기준 미국 인구의 51%에 달한다.

'서버브'란 주민 2,500명 이하의 도시형 지자체로서 중심도시(대도시권의 중심도시) 주변에 있는 지역을 가리킨다. 20세기에 크게 진화한 교외는 현재 사회적 경제적으로 매우 다양해지고 있으므로 단순히 주거지로만 분류하기엔 애매해졌다. 사회경제학 관점으로 볼 때 주민들의 경력과 직업도 다양해졌다. 이렇게 교외가 중심도시로부터 점점 자립하면서, 대도시권의 중심도시들은 상업, 레저, 고용 등에서 과거와 같은 독점적 지위를 잃고 있다.

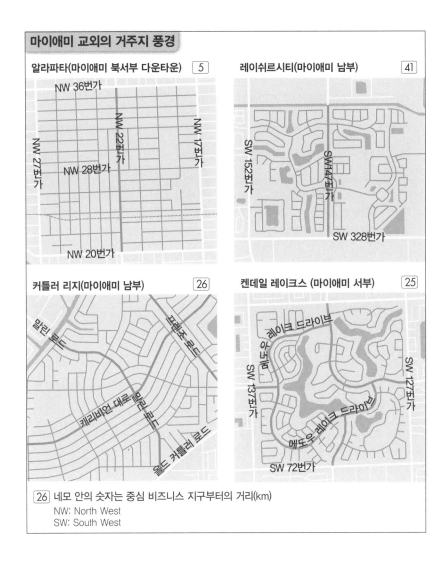

마이애미 교외의 거주지 풍경

알라파타(마이애미 북서부 다운타운) 5

NW 36번가
NW 22번가
NW 27번가
NW 28번가
NW 17번가
NW 20번가

레이쉬르시티(마이애미 남부) 41

SW 152번가
SW147번가
SW 328번가

커틀러 리지(마이애미 남부) 26

밀린 로드
프랜즈 로드
캐리비언 대로
레런 로드
올드 커틀러 로드

켄데일 레이크스 (마이애미 서부) 25

레이크 드라이브
SW 137번가
SW 127번가
메도우 레이크 드라이브
SW 72번가

26 네모 안의 숫자는 중심 비즈니스 지구부터의 거리(km)
NW: North West
SW: South West

이제 교외는 담으로 둘러싸인 주택 전용 지구, 상업 지구, 그리고 사무 지구가 모두 갖춰져 있고, 이들은 일반 도로망으로 잘 연결되어 있다.

단독 주택과 자동차, 멋진 가전제품 등으로 상징되는 교외 지역의 삶은 1960년대 미국인의 꿈을 실현하는 이상향이었다. 제2차 세계대전 후 주택용지 분양이 증가한 덕분에 집을 구하기도 쉬워져 교외로 이주하는 것은 일반적인 현상이 됐다. 덧붙여 1960년대는 교외의 인구가 증가하면서 농촌 인구가 소수로 역전된 기간이기도 하다.

처음엔 교외 거주자 대부분이 백인 가정이었다. 다양한 민족으로 복잡한 대도시에서 도피한 백인들이 안정적인 백인이 많이 거주하는 교외 지역에 합류한 것이다. 이런 이주를 '화이트 플라이트(white flight, 백인 중산층의 교외 이주)'라고 한다. 그러나 1990년대부터는 교외 인구의 다양화가 가속화되면서 이제 교외 거주지도 미국의 민족 다양성을 반영하고 있다.

중산층의 교외 이주가 대도시권 확대의 가장 큰 추진력

미국 중산층의 교외 이주가 활발해짐에 따라 교외는 점점 확대됐고, 대도시의 중심부로부터 더욱더 멀어져 갔다.

도시의 확대(스프롤 현상, 벌레가 먹는다는 의미로 도시의 주변이 무질서하게 커지는 것)는 지난 40년간 교외 도시화의 가장 큰 추진력이 되었다. 이처럼 불규칙하게 사방으로 확장하는 교외는 간선도로를 따라 뻗어나가는 것이 특징이다.

교외화는 도심의 중심에서 멀리 나가는 것을 바라는 도시인의 동경에 부응하고, 자동차 이동을 통해 지탱되고 있지만 비판받는 점도 많다. 바로 토지가 무질서하게 과잉 개발되고 있기 때문이다.

급속도로 발전한 애틀랜타는 무질서한 도시의 발전을 상징하는 좋은 예다. 조지아주의 주도(州都)를 중심으로 하는 애틀랜타 대도시권의 면적

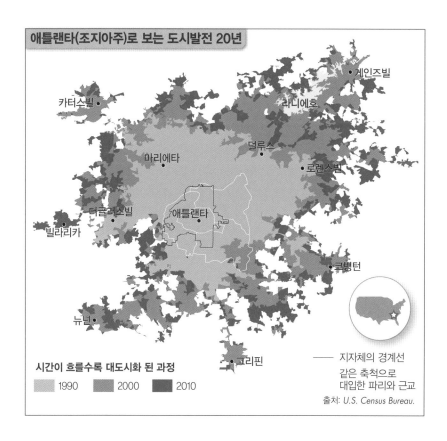

애틀랜타(조지아주)로 보는 도시발전 20년

게인즈빌

카터스빌

라니에호

덜루스

마리에타

로렌스빌

더글러스빌

애틀랜타

빌라리카

코빙턴

뉴넌

그리핀

시간이 흐를수록 대도시화 된 과정

1990　2000　2010

―― 지자체의 경계선
같은 축척으로
대입한 파리와 근교
출처: *U.S. Census Bureau.*

(7,400㎢)은 1위 뉴욕권(12,093㎢), 2위 보스턴권(9,538㎢) 다음으로 3위이다
(2020년 Statista 기준).

지방 차원에서 보면 도시의 확대는 독특한 풍경을 만들어 내고 있다. 다
만 일부에서 비판하듯 어느 곳이나 똑같이 단조롭고 구불구불한 도로와
골목길, 집과 집 사이를 자동차로만 이동할 수 있는 것이 특징이다.

부유층과 빈곤층 확대가
양극화와 불평등의 원인

2021년 PPP(Purchasing Power Parity, 구매력 평가) 기준 1인당 GDP가 6만 9,375달러인 미국은 아일랜드, 스위스, 노르웨이에 이어 4위(소규모 국가는 제외)에 해당하는 부유한 국가이다. 그러나 이러한 풍요가 평등하게 분배되고 있다고는 말하기 어렵다. 코로나 19 팬데믹 이전에 실업률은 사상 최저치를 기록했지만, 인구의 11.8%에 해당하는 4,000만 명가량이 여전히 빈곤에 허덕이고 있다. 이 중 16%가 어린이며, 1969년 14%보다 증가한 수치이다. 2014년 이후 다소 개선됐다지만 사회경제적 불평등은 여전하다.

상류층 1%에게 부가 집중되면서 빈곤층의 상황은 더욱 악화

1945년부터 1980년 사이에 부(富)는 '미국의 중산층(1969년 타임스지 '올해의 인물'에 선정)'과 서민들에게 재분배됐다.

1946년부터 1963년까지 한계 세율(일정한 수입 이상에 부과하는 세율)은 현재로 환산했을 때 310만 달러 이상의 수입이 있는 부부에 대해서는 91%의 고세율이었다. 당시만 해도 빈곤층을 줄이기 위한 연방정부의 정책도 늘어났고, 흑인 격리 정책의 폐지도 제도화되었다.

그런데 1981년 작은 정부를 호소한 공화당의 로널드 레이건이 정권을 잡으면서 복지국가는 점차 해체되고 중산층은 상대적으로 가난해졌다. 특히 부유층의 10%, 즉 상류층 1%에게 부가 집중되면서 빈곤층의 상황은 더욱 악화했다. 1%의 최고 부유층이 1976년부터 2007년 사이 늘어난 수입 전체의 58%를 차지했다고 한다.

그것을 잘 보여주는 것이 엄청난 속도로 늘어나는 억만장자의 숫자다. 언론에 노출되는 제프 베이조스 같은 거대 부호(2021년 12월 순자산 1,710억 달러-포브스) 뒤에는 수백 명의 부자(특히 남성)가 늘어서 있다. 2018년 1,180만 가구의 자산이 100만 달러 이상(주택 제외 금융자산)이었으며, 이 중 17만 3,000가구는 2,500만 달러 이상이었다. 이 숫자는 2007년의 920만 가구보다 훨씬 많으며, 1996년의 2배에 해당한다(시카고 시장조사회사 스펙트럼 그룹).

대척점에 있는 것은 빈곤층이다. 여기에서도 민족 집단의 피부색에 의한 차이가 현저하다. 흑인과 히스패닉계가 백인이나 아시아계보다 압도적으로 가난하다. 지니계수는 이런 상황을 잘 보여준다. 사회 분배의 불평등을 측정하는 지수를 0

빈곤의 기준으로 삼는 여러 지표

빈곤자 수
(단위: 100만 명)
46.7
38.1

1990 1994 1998 2002 2006 2010 2014 2018

빈곤율
(%)
15.1
14.8
11.8

1990 1994 1998 2002 2006 2010 2014 2018

아동 빈곤율
(%)
22.7
21.1
16.2

1990 1994 1998 2002 2006 2010 2014 2018

실업률
(%)
9.6
7.5
4.0
3.7

1990 1994 1998 2002 2006 2010 2014 2018

출처: Income and Poverty in the United States: 2018,
U.S. Census Bureau, 2019 ; Bureau of Labor Statistics.

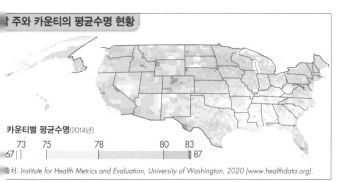

주와 카운티의 평균수명 현황

카운티별 평균수명(2014년)
67 | 73 | 75 | 78 | 80 | 83 | 87

출처: Institute for Health Metrics and Evaluation, University of Washington, 2020 (www.healthdata.org).

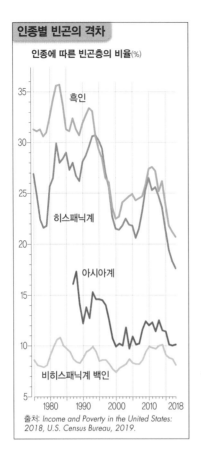

인종별 빈곤의 격차

인종에 따른 빈곤층의 비율(%)

- 흑인
- 히스패닉계
- 아시아계
- 비히스패닉계 백인

1980　1990　2000　2010　2018

출처: *Income and Poverty in the United States: 2018, U.S. Census Bureau, 2019.*

에서 1로 나타내는 수치가 높을수록 삶의 격차가 큰데, 미국은 2022년 현재 0.414까지 치솟았다(독일은 0.319, 브라질은 0.534, 한국은 0.314).

대도시권 최빈곤 지역 주민의 평균 수명은 개발도상국 수준

빈곤을 나타내는 공식 수치는 계산 방법이 복잡하고 교육, 생활 형편, 고용지수 등이 종합적으로 고려된다. 절대빈곤층은 기본적인 생필품을 조달할 수 없는 계층을 가리키는데, 현재는 1960년대보다 개념이 확대됐고 건강 의료 분야가 최우선 기준이다.

미국에서는 수백만 명이 지금도 의료보험이 없는 상태이다. 빈곤층을 위한 의료보장제도, 65세 이상의 고령층을 위한 의료보장제도, 어린이를 위한 CHIP(아동 의료보험 프로그램), 군인이나 퇴역 군인을 위한 특별제도 등 여러 가지 공적 시스템은 있지만, 모든 미국인의 건강을 보호하기에는 여전히 부족하다. 2013년 오바마케어가 실시되면서 나아지고 있음에도 불구하고 그렇다.

미국인에게 보험 가입을 의무화한 오바마케어 덕분에 18세~64세의 무보험 건수는 2013년 말 20.1%에서 2018년 8.5%로 감소했다. 특히 남부와 서부에 사는 빈곤층에서 감소율이 두드러진다.

그것과는 별도로 식량을 지원하는 푸드뱅크와 주택 지원 같은 사회보장 제도도 증가하고 있다. 이런 기본적인 사회보장 이외에도 매년 약 1조 달러가 투입되고 있지만, 빈곤을 퇴치하는 데까지는 여전히 갈 길이 멀다.

이런 상황은 국민의 건강 상태를 나타내는 지수가 상대적으로 낮은 것에서도 발견된다. 즉 일부 그룹에서 영아 사망률이나 심각한 질병의 유병

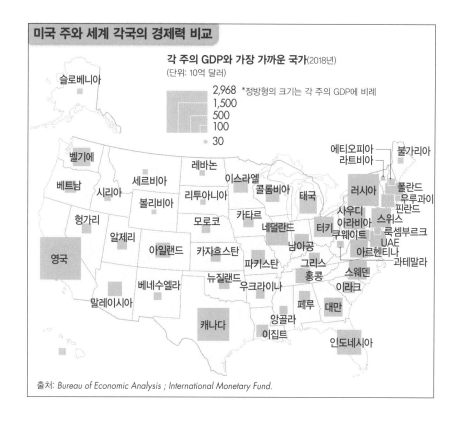

미국 주와 세계 각국의 경제력 비교

각 주의 GDP와 가장 가까운 국가 (2018년)
(단위: 10억 달러)

2,968 *정방형의 크기는 각 주의 GDP에 비례
1,500
500
100
30

출처: Bureau of Economic Analysis ; International Monetary Fund.

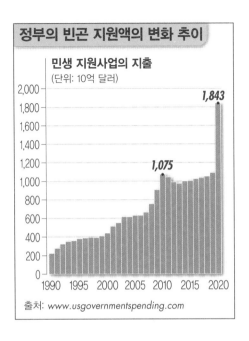

정부의 빈곤 지원액의 변화 추이

민생 지원사업의 지출
(단위: 10억 달러)

출처: www.usgovernmentspending.com

률이 높은 것이다. 2형 당뇨병(인슐린 분비 기능은 일부 남아 있지만 여러 가지 원인에 의해 상대적으로 인슐린 저항성이 증가해 발생)이나 결핵, 천식 등도 흔하다. 특히 미국에서 가장 높은 소아 천식 발병률이 뉴욕 사우스브롱크스라고 보고가 되었을 정도다. 그뿐만 아니라 경제적으로 위태로운 사람이 많은 일부 지방에서는 평균수명도 낮아지고 있다.

예를 들어 전통적인 남부 지역의 경우 원주민 거류지, 백인 빈곤층 지역, 흑인 거주지 등의 평균수명은 다른 지역과 비교해 확연히 낮은 수준이다. 이런 현상은 도시에서 한층 더 두드러지는데, 최빈곤 지구의 평균수명은 개발도상국 수준이다.

경제적 빈곤은 또 다른 불평등으로 연결된다. 사회적 계급 이동의 사다리가 사라지면서 주거나 식생활에도 영향이 미치고 있다. 예를 들어 노숙자 수 58만 명(2021년 기준) 중 흑인이 40%를 차지하며, 퇴역 군인도 6.5%를 차지한다. 더불어 주택도 값싼 트레일러 하우스나 거주지 주변의 환경과 위생 상태가 나쁜 곳이 많다.

소수자의 격리 정책에다
인종 · 민족의 불평등 심화

미국 사회에서 불평등은 인종과 민족에 따라 극심하다는 데 특징이 있다. 특히 흑인과 히스패닉계에서는 빈부 차이와 수입의 격차가 극명하다. 경제 불평등은 공간을 격리함으로써 나타나는데, 그 전형이 도시의 게토(Ghetto, 도시 안의 한 구역에 형성된 빈민가로 주로 소수 인종이나 소수 민족 등이 집단으로 거주함)이다. 소수자를 복권하고 지원하는 정책에도 불구하고 사회적, 공간적 격리는 뿌리 깊게 남아 있으며 미국 국토, 특히 미국 도시의 공간을 읽고 이해하는데 중요한 열쇠라는 사실은 변함이 없다.

2020년 흑인 가구의 중위소득은 백인 가구의 8분의 1에 불과

미국인들 사이의 사회적 불평등은 이제 인종과 민족의 차이로 더욱 심화하고 있다. 각 가구의 부의 중위소득 연구로 밝혀지는 것에도 확연한 격차가 드러난다.

미국 연방준비제도가 3년 주기로 공개하는 가계재무보고서(SCF, The Survey of Consumer Finances)에 의하면, 2020년 흑인 가구의 중위소득은 백인 가구의 8분의 1에 불과하다. 이 격차는 흑인 가구의 빈곤이 얼마나 심각한지를 보여준다.

'부(富)'라는 측면에서 보면 각 개인의 재산은 정기적인 수입뿐 아니라 주택, 자동차, 금융투자액도 포함할 수 있다. 하지만 미국의 국세조사국에

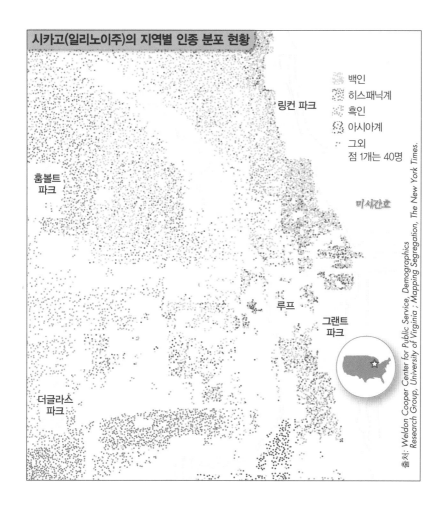

시카고(일리노이주)의 지역별 인종 분포 현황

링컨 파크

훔볼트
파크

미시간호

루프

그랜트
파크

더글라스
파크

백인
히스패닉계
흑인
아시아계
그외
점 1개는 40명

출처: Weldon Cooper Center for Public Service Demographics
Research Group, University of Virginia·Mapping Segregation, The New York Times.

서 수입으로 인정하는 것은 급여처럼 정기적으로 받는 것이기 때문에 다른 금융 수입원이나 식량 교환권, 주택 수당, 의료보험 등은 포함되지 않는다.

그런 점에서 '부'의 데이터는 실업이나 취업 불능 등 개인의 열악한 상황을 파악하는 데 더 적합하다. 그런데 개인이 소유한 부동산이나 자동차,

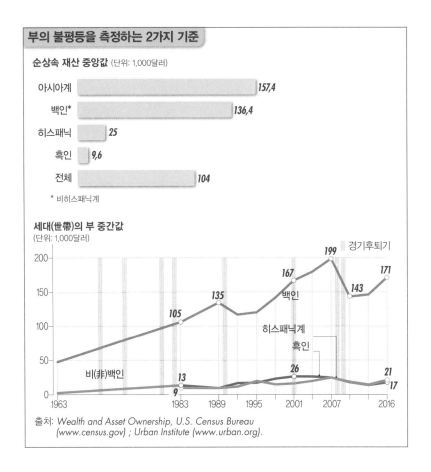

부의 불평등을 측정하는 2가지 기준

순상속 재산 중앙값 (단위: 1,000달러)

아시아계	157,4
백인*	136,4
히스패닉	25
흑인	9,6
전체	104

* 비히스패닉계

세대(世帶)의 부 중간값
(단위: 1,000달러)

경기후퇴기

백인: 105, 135, 167, 199, 143, 171

비(非)백인

히스패닉계

흑인

9, 13, 26, 21, 17

1963 1983 1989 1995 2001 2007 2016

출처: Wealth and Asset Ownership, U.S. Census Bureau
(www.census.gov) ; Urban Institute (www.urban.org).

저축, 주식, 채권 등의 순자산까지 합쳐서 측정해보면 부의 격차는 보다 확대된다. 예를 들어 같은 수입이 있더라도 히스패닉계와 흑인은 금융자산이 훨씬 적다. 왜냐하면 생활 곤란에 직면하다 보니 저금은커녕 부동산을 취득할 자격도 잘 주어지지 않기 때문이다. 이렇게 안전망도 없는 사람들은 대부분 사회적 약자였는데, 2007~2008년 리먼 사태의 영향을 가장 많이 받은 사람도 이들이다.

게토에는 소수자 빈곤층이 집중되어 사회적인 차별과 범죄가 횡행

격리는 개인과 집단을 물리적으로 분리하는 것인데, 법적인 제도로 정하기도 하고 사회적 경제적 차별을 반영하기도 한다. 1860~1870년대 노예 제도 폐지 이후 흑인에게 시민으로서의 평등을 보장하기 위해 통과시킨 일련의 법안은 1883년 대법원에서 위헌으로 결정됐다. 이를 계기로 '짐 크로법'이라 불리는 흑인 차별법(공공장소에서 흑인과 백인의 분리와 차별을 규정한 법)이 1876년에 제정되었고, '분리해도 평등'이라는 원칙을 바탕으로 남부에서 합법적인 인종 격리 정책이 단계적으로 시행됐다.

그런 사회 분위기는 20세기 중반까지 이어졌고, 교육과 관련된 차별이 끝난 것은 1954년 브라운대학교 교육위원회 사건이다. 흑인인 올리버 브라운이 자기 딸을 인근 백인 학교에 입학시키기 위해 법원에 호소했고, 대법원은 마침내 학교에서의 인종 분리가 위헌이라고 결정했다. 이어 1964년에는 합법화된 격리 정책을 모두 포기하는 공민권법도 통과됐다.

하지만 미국은 여전히 각 민족의 특징에 따라 사회적으로나 공간적으로 차이를 두고 있다. 미국에서 흔히 볼 수 있는 '점의 지도(닷 맵스)'도 지역 차원의 격리를 그림으로 나타낸 것으로 다수 민족이 집중된 지역을 점으로 나타낸 것이다. 미국의 도시는 분리의 온상이라고 할 수 있다. 그것을 잘 알 수 있는 것이 원주민 공동체나 새로운 이민자들에 대해 공동체라는 명칭을 붙여 분리한 것이다.

게토는 미국 사회 일각에서 이뤄지고 있는 추방의 논리를 상징적으로 보여준다. 이 말의 어원은 16세기 이탈리아 베네치아에서 유대인을 모아 놓은 거주 지역이 '게토'라는 방언으로 불린 데서 유래했다고 전해진다.

한편 미국에서 게토는 상업 중심지 주변을 가리키며, 소수자 빈곤층이 집중되어 사회적인 차별과 범죄가 횡행하는 곳이기도 하다. 게토가 생긴 것은 19세기 말부터 이민(유대인, 폴란드인, 이탈리아인 등)이나 흑인을 격리하며 나타난 결과였다. 게토로 가장 많이 알려진 곳은 시카고 사우스사이드의 브론즈빌이나, 뉴욕의 할렘, 로스앤젤레스의 와츠 등이다.

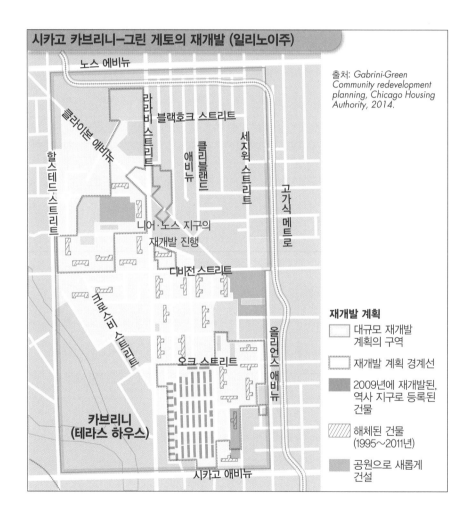

시카고 카브리니-그린 게토의 재개발 (일리노이주)

출처: *Gabrini-Green Community redevelopment planning, Chicago Housing Authority, 2014.*

노스 에비뉴

클라이본 애비뉴

라라비 스트리트

블랙호크 스트리트

클리블랜드 애비뉴

세지윅 스트리트

고가식 메트로

할스테드 스트리트

니어·노스 지구의 재개발 진행

디비전 스트리트

크로스비 스트리트

올리언스 애비뉴

오크 스트리트

카브리니 (테라스 하우스)

시카고 애비뉴

재개발 계획

☐ 대규모 재개발 계획의 구역

☐ 재개발 계획 경계선

■ 2009년에 재개발된, 역사 지구로 등록된 건물

▨ 해체된 건물 (1995~2011년)

■ 공원으로 새롭게 건설

시카고의 카브리니 그린 지구 재개발로 빈곤층을 도심에서 추방

시카고의 공공주택지구인 카브리니 그린 지구는 흑인 게토의 '도시 재개발 정책'의 사례로 유명하다.

3,600채의 주택에 1만 5,000명이 몰려 사는 카브리니 그린 지구는 1960년대에 흑인을 격리하는 지구가 됐으며, 미국 최악의 게토 중 하나가 됐다. 이곳에 사는 주민들은 사회, 공권력으로부터 버림받으면서 환경도 점점 악화했다.

반면 악명 높은 오명을 벗어던지기 위해 리처드 M. 데일리 시카고 시장은 1990년대부터 카브리니 그린 지구 해체에 나섰다. 1995년부터 2011년까지 값싼 공동주택(평균 15층)이 해체됐고, 대신 소규모 공동주택과 저렴한 개인 주택이 건설되었다.

이 작업은 민족 혼합사회를 촉진하기 위한 재개발 계획이었지만 기존 주민들로부터 극심한 반발과 비난을 받았다. 재개발의 이름을 빌린 이 계획은 오히려 빈곤 가구를 시카고 중심부에서 추방하고, 중산층의 부동산 매입을 유도한 결과로 이어졌기 때문이다.

어쨌든 2015년 카브리니 그린 지구의 주민은 2,830명에 불과하고, 주거지를 잃은 많은 가족이 뿔뿔이 흩어졌다. 또한 전체적인 지구 해체로 인해 마치 치아가 빠진 것처럼, 도시 속 황무지로 변해 활기를 잃은 모습만 드러나고 있다.

정교분리 원칙의 미국에서
기독교가 가지는 영향력

수정헌법 1조에 따르면 미국은 정교분리 국가다. 의회는 국교(國敎) 수립에 관한 법률을 마련하지 않으며 종교의 자유로운 행사를 금지하지 못하게 되어 있다. 이것은 건국의 아버지들이 천명한 의지를 반영한 것으로 종교와 국가의 분리를 단언하고 있다. 그런데도 종교는 사실상 미국 안에서 정체성의 강렬한 표시이며, 미국인의 일상을 상징하는 단면이다.

취임식 때의 대통령과 재판에서 증언 전의 증인은 성경에 선서

17세기 미국 식민지에 정착한 영국인들은 종교 박해를 피해서 온 청교도들이었다. 한편 미국 헌법은 정교분리에 대한 의지를 명확히 했다. 헌법을 기초한 토머스 제퍼슨에게 종교는 개인과 관련된 것이며, 연방정부는 이에 개입할 수 없는 것이었다. 그렇다고 해도 정교분리에 대한 미국의 개념은 다른 나라와는 사뭇 다르다. 종교는 미국의 일상 곳곳에서 마주치게 된다.

미국인들이 자주 사용하는 표현도 있는가 하면(감탄사로 쓰이는 '오 마이 갓'과 '지저스' 등), 의회를 시작할 때는 기도를, 공식행사 때 성조기에 대한 '충성의 맹세(The Pledge of Allegiance)'에도 신이 등장(1954년 제도화)한다. 미

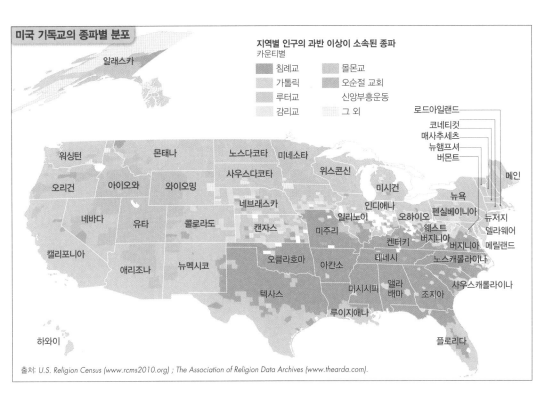

미국 기독교의 종파별 분포

지역별 인구의 과반 이상이 소속된 종파
카운티별

- 침례교
- 가톨릭
- 루터교
- 감리교
- 몰몬교
- 오순절 교회
- 신앙부흥운동
- 그 외

알래스카

워싱턴
오리건
네바다
캘리포니아
아이오와
유타
애리조나
몬태나
와이오밍
콜로라도
뉴멕시코
노스다코타
사우스다코타
네브래스카
캔자스
오클라호마
텍사스
미네소타
위스콘신
미시건
일리노이
미주리
아칸소
루이지애나
인디애나
오하이오
켄터키
테네시
미시시피
앨라배마
조지아
펜실베이니아
웨스트버지니아
버지니아
노스캐롤라이나
사우스캐롤라이나
플로리다
뉴욕
뉴저지
델라웨어
메릴랜드
하와이

로드아일랜드
코네티컷
매사추세츠
뉴햄프셔
버몬트
메인

출처: U.S. Religion Census (www.rcms2010.org) ; The Association of Religion Data Archives (www.thearda.com).

국 학생의 절반이 암송하는 이 맹세는 '나는 미국 국기와 미국 국기가 서 있는 공화국에 충성을 맹세합니다. 미국은 신 아래 분리할 수 없는 하나의 국가, 모두를 위한 자유와 정의를 가진 국가입니다'라고 되어 있다.

또한 역대 대통령들의 취임식과 재판에서 증인이 증언하기 전에도 성경에 선서한다. 이런 관습들은 역사적으로 계승된 것으로 비록 종교적 의미는 없다지만, 미국과 미국인의 일상생활에 깊이 뿌리내리고 있는 종교적 특성을 반영한다. 2018년 현재 종교적 행위가 줄어들고 있다고는 해도 여전히 미국인의 87%가 신을 믿는다. 그중 55%는 매일 기도한다고 대답하고 있는데, 한 달에 한 번이라도 미사에 참석하는 것은 45% 정도다.

비약적으로 발전하고 있는 종교 행사를 보면 개신교의 대형 교회는 최소 2,000명이 예배에 참석하며, 최대 교회 규모로 성장하면 2만 명 이상이 다닌다. 텍사스주 휴스턴의 레이크우드 교회는 매주 약 5만 명의 신자를 맞이한다. 대형 교회에서 알 수 있는 것은 신학과 정치, 엔터테인먼트의 요소를 혼합한 복음주의 교회의 목사가 엄청난 인기를 끌고 있다는 점이다.

미국인의 65%가 기독교인데 그중 개신교는 43% 가톨릭은 20%

미국에서 다수를 차지하는 것은 크리스트교이다. 2018년 기준으로 미국인의 65%가 크리스트교 교인이며, 그중 43%가 개신교 계열이고 가톨

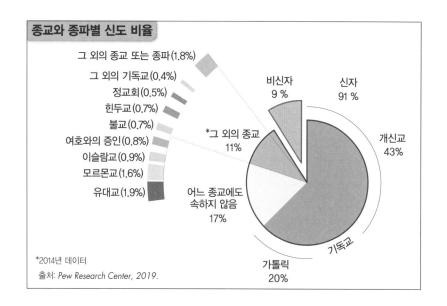

종교와 종파별 신도 비율

그 외의 종교 또는 종파(1.8%)
그 외의 기독교(0.4%)
정교회(0.5%)
힌두교(0.7%)
불교(0.7%)
여호와의 증인(0.8%)
이슬람교(0.9%)
모르몬교(1.6%)
유대교(1.9%)

비신자 9%
신자 91%

*그 외의 종교 11%

개신교 43%

어느 종교에도 속하지 않음 17%

기독교

가톨릭 20%

*2014년 데이터
출처: Pew Research Center, 2019.

릭은 20%이다.

개신교의 명칭은 여러 가지이지만 대략 2개의 큰 집단으로 나눌 수 있다. 하나는 가장 많은 미국인 신자를 끌어들이는 복음주의 분파 가운데 복음파, 펜테코스트파, 메노파 등으로 나뉘고 있다. 다른 하나는 이른바 '전통' 개신교(주류 개신교)로 침례교, 감리교, 루터교, 장로교 등으로 나뉘고 있다.

이처럼 다양한 교파의 개신교와 극명한 대조를 이루는 것이 가톨릭교회의 일체성이다. 미국에서 지배적인 종교 지도를 작성하면 가톨릭이 전면에 등장하지만, 개신교를 모두 모아놓은 신자보다는 적다.

한편, 미국 종교 지도는 지방에 따른 차이를 분명히 보여준다. 침례교는 흑인이 대다수를 차지하는데 남부 지역에서 특히 우세하며, '바이블 벨트'로 불리는 지역이기도 하다. 또한 루터파가 5대호 서부와 중서부에서 대세를 이루고 있는 것은, 역사적으로 이 지방에 독일과 스칸디나비아에서 건너온 이민자가 많았기 때문이다.

한편 모르몬교의 가르침을 설파하는 예수 그리스도 후기 성도 교회(말일성도 예수그리스도 교회를 2005년부터 바꾼 후 지금까지 쓰는 정식 명칭)는 유타주와 주도인 솔트레이크시티를 거점으로 교세를 확장하고 있다. 이것은 예수 그리스도 후기 성도 교회도 일반적으로 기독교의 계시에 의한 종교로 여겨지고 있으며, 두 가지 성서를 바탕으로 하고 있다는 점만 개신교와 차이가 있기 때문이다.

예수 그리스도 후기 성도 교회에는 기존 성서와 '모르몬경'이 있는데, 후자는 1830년 이 교회의 창시자인 예언자 조지프 스미스가 천사 모로나이로부터 받은 가르침을 담고 있다. 특히 모르몬교가 사이비종교로 알려진 것은 번지수를 잘못 짚은 것이다. 미국에는 유대교와 비슷한 규모의 모르몬교 신자가 있으며, 유력한 정치가 중에도 모르몬교 출신이 있다 2012년 대선에서 공화당의 후보였던 밋 롬니가 대표적이다.

비록 개신교가 압도적으로 우세하긴 하지만 비기독교 신자가 있다는 것도 잊어서는 안 된다. 유대교와 이슬람교를 비롯해 심지어 불교도와 힌두교도도 있는데, 이들은 미국 인구의 6%를 차지한다.

반면 원주민의 영적 세계는 대부분 금지와 탄압의 표적으로 희생되어 쇠퇴해 버렸다. 이후 원주민의 거주지가 보호 대상이 되고, 원주민들은 강탈당한 의식용 제례용품을 돌려받기 위해서 1978년 아메리카 인디언 종교 자유법이 제정될 때까지 기다려야 했다.

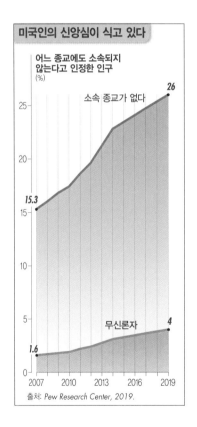

미국인의 신앙심이 식고 있다

어느 종교에도 소속되지 않는다고 인정한 인구
(%)

소속 종교가 없다

26

25

20

15.3
15

10

5

무신론자

4

1.6

0

2007 2010 2013 2016 2019

출처: Pew Research Center, 2019.

신의 존재는 믿지만, 어느 종교조직에도 속하지 않은 미국인은 증가

어떤 종교에도 속하지 않은 미국인은 계속 증가해 2007년부터 2018년 사이에 16%에서 26%가 되었다. 현대 문명의 발달과 함께 무신론자가 늘어나면서 종교적 영향력도 다소 약해진 듯하다. 현재 무신론자(신을 믿지 않는 사람)를 표명하는 사람은 인구의 4%인데, 이 통계는 20세기 중반부터 천천히, 그러나 줄어들지 않고 계속 상승하고 있다. 특히 1980년 이후에 태어난 세대가 무신론자의 대부분을 차지하고 있다.

무신론자 이외에 신의 존재 자체를 의심하는 불가지론자(5%)나, 신의 존재는 믿지만, 어느 종교조직에도 속하지 않은 사람(17%)도 있다. 현재 일반인들 사이에서 가장 인기를 누리고 있는 것은 후자이다.

대자연과 대도시가 어울려 만들어진 천혜의 관광지!

미국은 기후와 환경이 마치 모자이크 무늬처럼 복잡하게 뒤섞여 있는데, 이것이 만들어 내는 다양한 풍경은 무궁무진한 관광 자원이 되고 있다. 외국인 관광객 수 세계 3위, 관광 수입 세계 1위인 미국은 영화나 문학의 무대가 되는 세련된 대도시의 이미지와 함께 황야를 떠올리게 하는 거칠고 광대한 풍광으로도 사람들을 끌어당기고 있다.

광대한 국토 덕분에 등산, 도시, 문화 등 모든 형태의 관광이 발전

알래스카의 북극권에서 푸에르토리코와 하와이 북쪽을 지나는 북회귀선까지, 미국의 광대한 국토 덕분에 바다에서부터 온천, 등산, 도시, 문화 등 모든 형태의 관광을 발전시킬 수 있다. 천혜의 관광 자원을 가진 미국은 자국민뿐 아니라 외국인들에게도 휴가 때 가장 가고 싶은 나라로 꼽힌다. 미국은 2019년 기준 8,000만 명이 방문해 프랑스(8,900만 명), 스페인(8,300만 명)에 이어 외국인 관광객이 가장 많이 찾는 나라였는데, 특히 캐나다인, 멕시코인, 영국인, 일본인들이 많이 방문한 것으로 나타났다.

수입 면에서는 단연 세계 1위다. 2019년 관광 수입은 2,140억 달러로 스페인(740억 달러)을 크게 따돌리고 있다. 또한 관광 산업 고용자는 1,580

미국의 유명 국립공원

관광객이 많은 국립공원 베스트 10(2019년)
(단위: 방문자 100만 명)

12.5　6　3

올림픽 국립공원
(유네스코 세계자연유산)
3.2
워싱턴주

글레이셔 국립공원
3
몬태나주

아카디아 국립공원
메인주 마운트데저트섬
3.4

옐로스톤 국립공원
그랜드티턴 국립공원
4
3.4　와이오밍주

로키마운틴 국립공원
4.7　콜로라도주

그레이트스모키산맥 국립공원
(유네스코 세계자연유산)
테네시주　노스
12.5　캐롤라이나주

요세미티
국립공원
4.5
캘리포니아주

자이온 국립공원
유타주
4.5

6 애리조나주

그랜드캐니언
국립공원

출처: National Park Service (www.nps.gov).

만 명으로 이는 미국 노동 인구의 10%에 해당한다.

인기 관광지를 꼽아보면 미국의 관광 자원이 얼마나 풍부한지 알 수 있다. 세계적인 대도시, 역사 유산, 근대 건축(뉴욕, 샌프란시스코, 보스턴), 디즈니랜드와 그 외 테마파크(씨월드), 그리고 자연공원(옐로스톤, 나이아가라 폭포)도 있다. 거기에 콜로라도주의 스키장(베일, 아스펜)이나 하와이와 플로리다의 해수욕장도 추가해야 한다.

국내외를 가리지 않고 관광은 미국인 생활의 일부로 자리 잡았다. 1년간의 유급휴가는 평균 15일이지만, 출장을 포함해 국내 다른 지역에서 숙박한 미국인은 2019년 기준 23억 명이다.

올랜도의 월트디즈니월드는 미국인에게 가장 인기 있는 관광지

플로리다주 올랜도 남서쪽에 있는 월트디즈니월드는 미국에서 가장 인기 있는 관광지로 2020년 5,800만 명이 다녀갔다. 월트디즈니컴퍼니의 간판 리조트인 광대한 복합관광 시설은 총면적이 110㎢(프랑스 파리 면적과 비슷)에 달하며, 4개의 테마파크와 2개의 워터파크, 30개의 호텔, 4개의 골프장, 1곳의 캠핑장, 1개의 상업센터로 구성되어 있다.

복합시설은 1971년 문을 연 매직파크인 '매직 킹덤(마법의 왕국)'을 시작으로 늘 새로운 테마파크를 개발하면서 발전해 왔다. 2020년에는 '매직 킹덤' 한 곳에만 2,090만 명의 방문객이 찾아와 세계에서 가장 흥행에 성공한 테마파크가 되었다. 이제 월트디즈니월드는 규모나 수익 면에서 디즈니의 테마파크에서 가장 오래된 로스앤젤레스의 디즈니랜드를 넘어선 상황이다.

디즈니랜드는 1955년 캘리포니아주 로스앤젤레스 인근 애너하임에 세워졌다. 테마파크를 구상한 것은 물론 창업자 월트 디즈니다. 경계를 정한 레저형 파크 안에 테마를 만들어 다양한 놀이기구를 제공하는 방식이었다. 애니메이션(미키마우스, 신데렐라 등)과 영화(캐리비안의 해적)의 등장인물을 중심으로 각종 공연과 이벤트가 펼쳐진 것이다. 놀이기구와 관광이 잘 조합된 디즈니의 테마파크는 미국의 다른 인기 테마파크에도 영감을 주었는데, 그 좋은 예가 블록버스터 영화를 기반으로 만든 유니버설스튜디오이다.

올랜도(플로리다주)의 월트디즈니월드 리조트

매직 킹덤 파크
(1971)

마벨호

쉰호

올랜도

세븐 시즈 리군
(인공 호수)

디스커버리 아일랜드

올랜도 국제공항

디즈니
애니멀 킹덤
(1998)

월
드
드
라
이
브

앱콧
(1982)

디즈니 스프링스
(1972)

브라이언호

디즈니 타이푼라군
워터파크
(1989)

디즈니
할리우드
스튜디오
(1989)

놀이기구와 공연시설

테마파크

워터파크

월트 디즈니 월드의 경계선

상업시설과 호텔 지구

호텔

골프 코스

파크 내 교통수단

모노레일

주차장

디즈니
블리자드 비치
워터파크
(1995)

셀러브레이션
(숙박형 공동체 마을)

출처: *Walt Disney World Resort*
(disneyworld.disney.go.com).

캠핑카를 이용하는 오토캠핑도 대표적인 레저 문화로 자리 잡았다

한편 인간을 압도하는 대자연으로 관광객을 끌어들이는 것도 미국 관광
의 특징이다. 미국 사회의 밑바닥에 흐르는 황야에 대한 호기심은 초월주

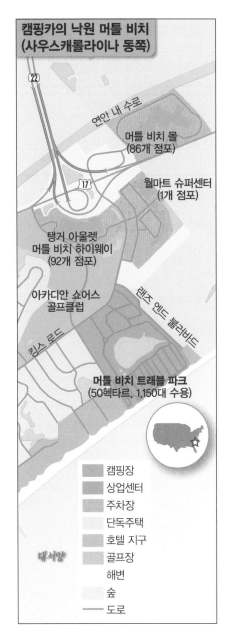

캠핑카의 낙원 머틀 비치
(사우스캐롤라이나 동쪽)

22

연안 내 수로

머틀 비치 몰
(86개 점포)

17

월마트 슈퍼센터
(1개 점포)

탱거 아울렛
머틀 비치 하이웨이
(92개 점포)

아카디안 쇼어스
골프클럽

랜즈 엔드 불러바드

킹스 로드

머틀 비치 트래블 파크
(50헥타르, 1,150대 수용)

대서양

캠핑장
상업센터
주차장
단독주택
호텔 지구
골프장
해변
숲
도로

의와 연결되어 있는데, 미개척지 같은 아름다운 자연은 인간이 성장할 수 있는 장소로 이상화되어 있다. 캠핑이 널리 보급되어 있고, 애팔래치아산맥 중 하나인 그레이트스모키산맥과 그랜드캐니언 국립공원 같은 곳은 관광객의 필수 관람 코스로 사랑받고 있다.

자연보호를 목적으로 한 국립공원을 창안한 것도 미국인이다. 덧붙여서 요세미티 계곡이 1864년부터 양도할 수 없는 국유지로서 보호되고 있지만, 세계 최초의 자연보호 공원으로 인정받는 곳은 1872년 지정된 옐로스톤 국립공원이다.

1910년대부터 시작된 미국인들의 본격적인 자동차 생활과 자연 속의 야외 활동은 자동차와 자연을 함께 즐기고 싶다는 미국적 사고에 맞춘 레저이다.

1913년에 미국에서 자동차 소유자가 1백만 명을 넘어서자 애리조나주 더글라스시 주최로 최초의 자동차 캠프가 열렸고, 1920년까지 자동차 캠핑은 폭발적인 인기를 누렸다. 결국 1920년대까지 자동차 캠프장이 미국 내에 6,000개나 생겼고, 1천만 명이 넘는 사람들이 캠프를 즐기면서 캠핑카(캠핑용 트레일러)를 이용하는 오토 캠핑도 하나의 문화로 자리 잡았다.

아름다운 해변에서 수상 액티비티와 수영을 즐기는 문화도 사우스캐롤 라이나주의 오어리 카운티 남부에 있는 머틀 비치에서는 일상생활이나 다름없다. 머틀 비치는 사우스캐롤라이나의 북부 해안을 따라 60마일 떨어진 그랜드 스트랜드에서 가장 큰 비치 리조트로, 접근성이 뛰어난 수상 액티비티의 메카로 알려져 있다. 아름다운 풍광과 플로리다보다 단단한 모래로 이루어진 해변에는 호텔이 780여 개, 골프장 86개, 레스토랑은 1,800개가 자리하고 있다.

카지노의 보급과 대중화에 왜 인디언이 앞장섰을까?

도박(갬블)은 서부 개척 시대의 범죄형 레저로 여겨졌지만, 이제 일반 대중이 즐기는 생활 레저가 됐다. 세계 각지에서 도박하기 위해 라스베이거스로 대거 몰려드는 관광객들이 말해주듯이 시간이 갈수록 미국인들의 열렬한 지지를 받고 있다. 2008년 경제 위기로 기세가 다소 꺾이긴 했지만, 도박은 엄연히 레저형 경제 활동이며, 네바다주와 원주민 보호지구 등 일부 지역의 발전에 막대한 자금원이 되고 있다.

카지노가 가장 많은 곳은 네바다주의 두 도시 라스베이거스와 리노

미국인의 85%는 적어도 일생에 한 번은 돈을 건 도박(카지노, 트럼프, 복권, 빙고, 스포츠 등)을 한다. 초기 식민지 시절 시작된 도박은 서부 개척 시대인 18~19세기에 걸쳐 발전했으며, 그 당시 유명해진 곳이 미시시피강 하류의 뉴올리언스와 골드러시의 샌프란시스코였다.

도박이 도덕적으로 비난받기 시작한 것은 20세기 초 보수 세력과 청교도 세력의 로비 활동이 절대적인 영향을 미쳤기 때문이다. 이런저런 이유로 당시만 해도 도박은 마피아의 전매특허나 다름없었고, 특히 금주법 시대(1919~1933년)에는 법적으로 금지되기까지 했지만 완전하게 뿌리째 뽑아내지는 못했다.

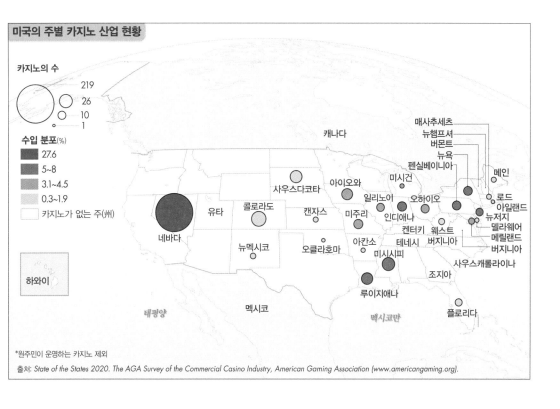

미국의 주별 카지노 산업 현황

카지노의 수

219
26
10
1

수입 분포(%)

27.6
5~8
3.1~4.5
0.3~1.9
카지노가 없는 주(州)

하와이

*원주민이 운영하는 카지노 제외

출처: *State of the States 2020. The AGA Survey of the Commercial Casino Industry, American Gaming Association (www.americangaming.org).*

이후 세월이 흐르는 동안 도박을 금지하는 법이 완화되고, 또 도박 행위가 범법 행위를 벗어나 생활형 레저로 보편화된 것은 1980년대다. 지금도 법률로 도박을 금지하는 곳은 유타주와 하와이주 뿐이다. 이곳에서는 어떤 형태로도 도박이 금지되어 있다.

이제 일반 대중이 즐기는 레저가 된 도박은 수익이 천문학적으로 늘고 있는 경제 분야인데, 특히 온라인 도박의 인기가 높아지고 있다. 미국 게임협회에 따르면 카지노의 고용자 수는 2018년 기준 180만 명, 직간접적으로 창출하는 총매출은 2,610억 달러에 달한다.

도박의 상징이기도 한 카지노는 46개 주에 있는데, 카지노가 가장 많은 곳은 네바다주의 두 도시 리노와 라스베이거스이다. 또 미시시피강과 그 지류에도 집중되어 있는데, 이 주변에는 20세기 초부터 '카지노 선박(리버 보트)'이 늘어났다. 배 안이라는 매우 제한적인 장소에서 도박을 허용함으로써 당국이 관리하기 쉬운 측면이 있어 큰 인기를 끌었다. 하지만 도박을 좋아하는 사람들에게 큰 인기였던 리버 보트는 현재 대부분 운행이 금지돼 있다.

라스베이거스는 도박을 좋아하는 미국인들이 가장 선호하는 관광지

도박의 도시 라스베이거스에는 세계적인 규모의 메이저급 카지노(2019년 82개)가 많이 있으며, 이 중 5개는 규모와 매출 면에서 세계 10대 카지노에 속한다. 관광객 수가 월등히 많은(2019년 4,250만 명) 라스베이거스는 모든 면에서 세계 최고의 도박 도시라고 할 만하지만 유일한 경쟁자라 할 수 있는 마카오가 2008년 이래 도박 수입에서 라스베이거스를 제친 상태다(마카오가 라스베이거스의 4~6배 매출). 라스베이거스의 카지노는 2007년부터 시작된 미국의 금융 위기로 미국인의 구매력이 떨어지면서 큰 타격을 입었다.

카지노가 라스베이거스와 비교적 작은 리노에 집중된 것은 서부에 있는 네바다주의 개척 시대 역사를 통해 설명할 수 있다. 네바다주는 1931년 돈을 거는 도박이 처음 합법화된 주로, 50년 가까이 독점 상태를 지키면서 카지노를 경제의 주요 동력으로 삼고 있었다.

1978년 뉴저지주에서 도박이 합법화되고, 애틀랜틱시티가 동부의 라스

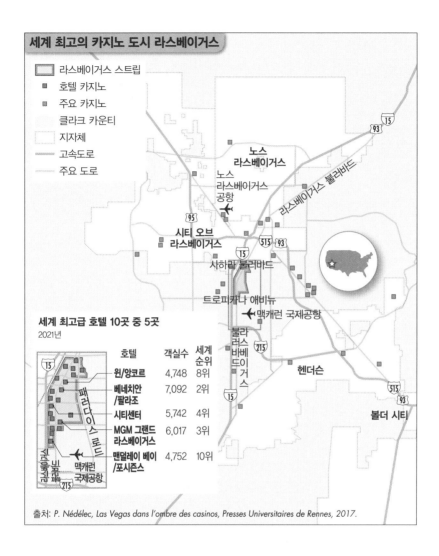

세계 최고의 카지노 도시 라스베이거스

라스베이거스 스트립
호텔 카지노
주요 카지노
클라크 카운티
지자체
고속도로
주요 도로

노스
라스베이거스

노스
라스베이거스
공항

라스베이거스 불러바드

시티 오브
라스베이거스

사하라 볼러바드

트로피카나 애비뉴

맥캐런 국제공항

볼라
러스
바베
드이
거스

헨더슨

볼더 시티

세계 최고급 호텔 10곳 중 5곳
2021년

호텔	객실수	세계 순위
윈/앙코르	4,748	8위
베네치안 /팔라조	7,092	2위
시티센터	5,742	4위
MGM 그랜드 라스베이거스	6,017	3위
맨덜레이 베이 /포시즌스	4,752	10위

패러다이스 로드

라스베이거스 불러바드

맥캐런
국제공항

출처: P. Nédélec, Las Vegas dans l'ombre des casinos, Presses Universitaires de Rennes, 2017.

베이거스로 알려지게 되면서 이후에는 사실상 미국의 모든 주가 돈을 거
는 도박을 허용해 나갔다.

이렇게 도박이 미국 전역에 보급됐음에도 불구하고 라스베이거스는 도
박을 좋아하는 미국인들이 가장 선호하는 관광지이다. 도박뿐 아니라 쇼

평과 쇼 관람, 다양한 놀이시설(수영장, 롤러코스터, 나이트클럽 등)을 접목해 원스톱 관광 산업을 집중적으로 육성했기 때문이다.

라스베이거스의 카지노를 지도로 살펴보면, 호텔 카지노가 특히 두 지역에 집중된 것을 알 수 있다. 그 지역들만 마치 불야성을 이루는 외딴섬처럼 되어 있고, 다른 지역은 관광객이 드문 편이다.

라스베이거스의 가장 상징적인 중심가인 라스베이거스 스트립 지구에는 1940년대부터 5차선 대로를 따라 규모나 건축양식이 확연하게 눈에 띄는 호텔 카지노들이 줄지어 있다. 다른 한 곳은 지명도가 다소 떨어지는 프리몬트 스트리트인데, 도박 지구로서는 역사가 오래된 지역으로 20세기 초부터 카지노가 설치되어 있었던 곳이다.

라스베이거스는 관광객이 아닌 현지인을 대상으로 한 소규모 카지노도 다른 지역을 압도하고 있다. 이들은 주거 지구 인근에 자리를 잡고 있는데, 테이블 도박 외에도 다양한 오락을 제공하며 모든 연령층을 대상으로 하는 사교의 장이 되고 있다.

인디언 원주민이 운영하는 카지노는 도박 산업의 53%를 차지

한편 미국 원주민들은 도박의 보급과 대중화에 크게 이바지해 왔다. 1988년 이후 보호지구에서 카지노 활동을 허가받은 특별한 지위(인디언 오락 규제법)의 혜택을 누리고 있기 때문이다. 이 법률은 원주민 보호지구의 수입을 관리하고 원주민의 경제적 발전을 지원하기 위해 연방정부가 고안한 법으로 원주민 부족에게는 '양날의 검'이다.

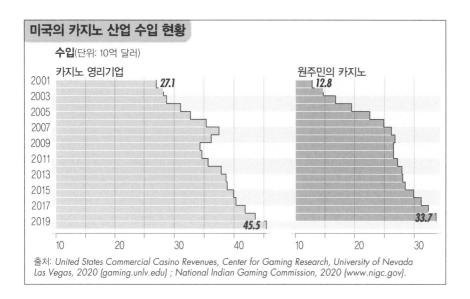

미국의 카지노 산업 수입 현황

수입(단위: 10억 달러)

카지노 영리기업 — 27.1 (2001) ... 45.5 (2019)

원주민의 카지노 — 12.8 (2001) ... 33.7 (2019)

출처: United States Commercial Casino Revenues, Center for Gaming Research, University of Nevada Las Vegas, 2020 (gaming.unlv.edu) ; National Indian Gaming Commission, 2020 (www.nigc.gov).

미국에서 사회경제적으로 소외된 인디언 부족에게 경제 발전에 따른 이익이 있지만, 이 과실이 소수에 집중될 여지가 많아 부작용도 뒤따르고 있다. 일부 부족은 카지노 산업으로 큰 부를 일궜는데, 세미놀족(플로리다 인디언) 등은 2006년 유명한 체인 레스토랑 하드록 카페를 9억 6,500만 달러라는 거금을 주고 인수하기도 했다.

참고로 원주민이 운영하는 카지노는 도박 산업의 53%를 차지하는 등 무시할 수 없는 위치에 있으며, 2018년에는 미국 도박 수익의 77%가 집중되기도 했다.

개척기 유물인 총기 소유는
군산복합체의 로비로 유지

미국은 국내에 유통되는 무기가 무려 2억 7,000만 정이나 된다. 전미총기협회의 로비 활동으로 지켜지는 수정헌법 2조(엄격한 규율이 잘 지켜지는 민병대는 자유로운 주들의 안보에 필수적이며, 시민들이 무기를 소유하고 휴대하는 권리는 침해될 수 없다)는 미국인의 총기 소유에 대한 자유와 권리를 보장하고 있다.
현대 사회에서는 총기로 인한 단순 폭력 사건이 줄어들고 있지만, 사회 문제화되는 '대량 학살' 사건이 반복되는 것은 느슨한 무기 규제가 방향을 잘못 잡고 있다는 사실을 보여준다.

전체 가구의 3분의 1이 총기를 보유할 정도로 생활 일부로 정착

　미국 독립 당시 민병대 활동으로 시작해 서부 개척 시대의 무법적 폭력 행위 때문에 강화된 개인의 무기 소유는 현재 절대적인 영향력을 가진 총기 단체의 로비로 유지되고 있다. 미국 전체 가구의 3분의 1은 최소 1정의 총기를 보유하고 있을 정도로 많은 미국인에게 총기 소유는 일상생활의 일부가 되었다.

　총기 규제는 주로 주(州) 정부의 관할이며, 연방정부는 최소한의 기본 틀만 지시할 수 있다. 그런데 대부분의 주 정부는 이를 엄격하게 관리하지 않고 총기 소유를 허용하고 있다. 눈에 보이는 형태의 무기를 휴대하고 다니는 것이 금지한 곳은 워싱턴 D.C.를 비롯한 4개의 주 뿐이다.

무기 소지율을 주별로 보면(공식 통계는 없음), 여기에서도 다른 많은 지표처럼 주별로 분명한 대비가 드러난다. 동부를 비롯해 경찰의 보호를 받는 대도시는 총기 소지 비율이 낮지만, 자기방어를 위해 자력에 의존해야 하는 남부와 서부 산간 지역에서는 높게 나타난다.

이런 상황은 과거 개척 시대의 유물이라고 치부할 수도 있지만, 고립된 지역이나 산악 지대는 사냥 같은 나름의 전통을 내세워 총기 소유를 합리화한다. 물론 도시 지역에서도 갱이나 마약 거래 또는 강도 사건 때문에 무장이 필요하다고 강변하기 일쑤이다.

그러나 비슷한 상황에 있는 캐나다(총기 소유 허용) 등 다른 나라에서는 미국과 비교해 총기 소유 비율의 수치가 현저하게 낮다. 따라서 이런 현실은 미국 역사에서 나타난 정치적 분열을 떠나 일상적인 폭력이 당연한 것으로 여겨지고 있기 때문인 것 같다. 또한 미국이 주요 경제 기반 중 하나인 군산복합체(MIC, Military-Industrial Complex)의 영향력에서 벗어나지 못한 탓도 있을 것이다.

범죄 현장에서 백인 경찰이 흑인을 총으로 사살하는 사건이 빈발

미국에서 가장 심각한 폭력은 총기를 사용하는 자살이다. 연 4만 건에 가까운 자살 중 총기로 인한 것은 2019년 약 2만 4,000건에 이른다. 그다음이 타인을 향해 총기를 사용하는 폭력인데, 1년에 1만 3,500건의 살인 중 3분의 2가 총기에 의한 것이다(주민 10만 명 중 4.5명).

또 최근 많이 발생하는 총기 사건을 꼽자면 위급하지 않은 범죄 현장에

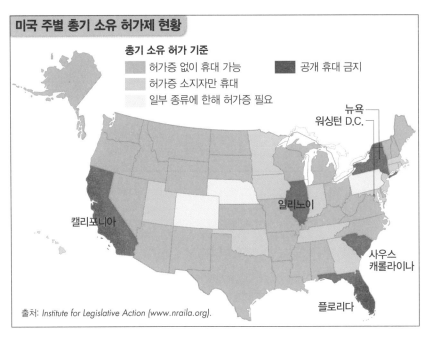

미국 주별 총기 소유 허가제 현황

총기 소유 허가 기준

허가증 없이 휴대 가능

허가증 소지자만 휴대

일부 종류에 한해 허가증 필요

공개 휴대 금지

뉴욕

워싱턴 D.C.

일리노이

캘리포니아

사우스
캐롤라이나

플로리다

출처: *Institute for Legislative Action (www.nraila.org).*

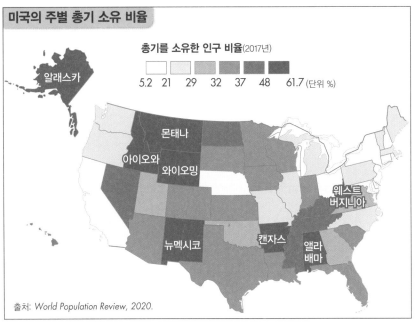

미국의 주별 총기 소유 비율

총기를 소유한 인구 비율(2017년)

5.2 21 29 32 37 48 61.7 (단위 %)

알래스카

몬태나

아이오와

와이오밍

웨스트
버지니아

뉴멕시코

캔자스

앨라
배마

출처: *World Population Review, 2020.*

서 백인 경찰이 흑인을 총으로 사살하는 사건이다. 인종차별이 제도화됐던 시대가 아직 끝나지 않은 듯한 사회 분위기가 되살아나는 듯하다. 코로나19 펜데믹 이후 피부색으로 사람을 관리하던 풍조도 다시 고개를 들고 있다. 실제로 경찰에게 살해당한 사람 중 3분의 1은 흑인인데, 이를 인구 비율로 따져보면 매우 높은 수치다.

강제하는 모든 권력을 부정하는 아나키스트들은 새로운 '짐 크로법' 제정까지 주장하고 있다. 이것은 남북전쟁 후 남부 지방에서 통과된 법률(흑인과 백인의 분리와 차별을 인정)로 흑인의 권리를 축소하는 내용이다.

역사적으로 볼 때 이런 식의 인종차별은 똑같이 폭력적인 반동을 불러일으켰다. 1965년 로스앤젤레스 흑인 거주 지역인 와츠에서 일어난 폭동, 1992년 로스앤젤레스에서 벌어진 대규모 폭동, 2014년 흑인 소년이 살해된 사건에 대한 퍼거슨(미주리주) 폭동, 그리고 2020년 여러 도시에서 동시 다발적으로 발생한 흑인 폭동 등이 있다.

사소한 법률 위반이라도 엄격하게 처벌하는 '제로 톨레랑스' 정책

미국에서는 대형 교도소 시설을 운영하는 데 매년 약 750억 달러의 사업비를 사용하고 있다. 법적 기반이 되는 것은 '제로 톨레랑스(사소한 법률 위반이라도 엄격하게 처벌)' 정책이다. 엄격한 법 집행으로 인해 현재 220만 명의 미국인이 수감된 상태(전 세계 수형자의 4분의 1)에다, 그 외 500만 명(미국 성인의 2.8%) 가까이 법의 감시를 받으며 시민권을 박탈당하고 있는 일도 많다. 재범률도 계속해서 상승하고 있다(70%).

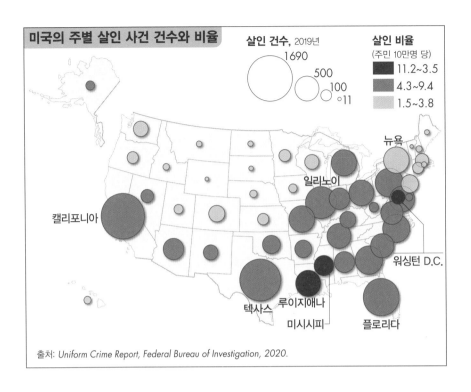

미국의 주별 살인 사건 건수와 비율

살인 건수, 2019년
1690
500
100
11

살인 비율
(주민 10만명 당)
11.2~3.5
4.3~9.4
1.5~3.8

뉴욕

일리노이

캘리포니아

워싱턴 D.C.

텍사스 루이지애나

미시시피

플로리다

출처: *Uniform Crime Report, Federal Bureau of Investigation, 2020.*

법의 집행에도 인종차별이 존재하며, 경범죄에서는 흑인이 백인보다 감옥에 들어갈 확률이 매우 높다. 이것도 숫자가 말해주는데, 흑인의 구금률은 백인보다 6.4배나 높아 흑인 13명 중 1명은 투표권을 빼앗기고 있다. 결국 이것은 인구 일부를 추방하는 꼴이며, 흑인의 인권은 교도소는 물론 사회에 나와도 달라지지 않는다. 대략 성인의 28%(무려 6,500만 명)가 전과를 가지고 있는데, 특히 흑인 6명 중 1명이 전과자일 정도로 비율이 높다. 히스패닉계도 비슷한 상황이다.

미국 전체의 교도소 시설은 각지에서 늘어나고 있으며, 특히 경제 상황이 나쁜 농촌 지역에서는 사라진 산업을 대신해 일자리를 제공하고 있다.

예를 들어 미시간주의 아이오니아에는 교도소 시설이 우후죽순으로 들어서고 있다. 2010년 현재 주민 1만 1,394명의 마을에 교도소 6개가 있으며, 5,100명의 수형자에 1,584명의 주민이 고용돼 있다. 이렇게 교도소가 증가하고 있지만, 기대했던 경제 효과를 거두지 못하면서 주변 도시들의 경제 수준은 여전히 평균 이하를 밑돌고 있다.

교도소 시설이 경제에 도움이 되기는커녕 도시에 끼치는 악영향이 만만치가 않다. 교도소가 창출하는 일자리는 단순직이며, 게다가 해당 지역이 아니라 외부인의 고용이 많은 데다가 급여 수준도 낮다. 또, 주거 환경이 악화해 인간미도 사라지고 스트레스 지수가 높아지면서 인종차별도 증가하고 있다.

총기 소유의 자유로 인해 각종 무기가 곳곳에 널려 있고, 명백한 인종차별로 보일 정도의 가혹한 범죄 단속 때문인지 미국에서 발생하는 폭력 사건은 다른 선진국에 비해 월등히 많다.

또한 최근에는 전미총기협회(NRA)의 풍부한 자금력과 강력한 로비 활동에 여론도 점점 동조하면서(인구의 절반) 범죄의 단속에 유효한 정책을 내놓지 못하고 있다.

오바마 대통령이 집권 당시 총기 구매를 규제하려고 했던 시도가 의회에 막강한 영향력을 가진 전미총기협회에 의해 모두 거부됐던 일도 있다. 전미총기협회는 2016년 이후로 한층 더 영향력을 강화했고, 미국의 사법과 형벌 체제도 한계에 다다른 것처럼 보인다. 즉, 전국의 교도소 시설에는 수용자의 과잉 상태와 높은 유지비가 문제인 반면, 바깥 사회에서는 폭력이 줄어들기는커녕 다시 늘어나고 있기 때문이다.

인종차별과 정치적 분열로
미국식 민주주의의 위기

인종과 빈부의 문제 등 사회를 심층부터 갈라놓는 주제로 미국의 여론은 양 갈래로 나뉘어 서로 논쟁하고 있다. 정치적 분단으로 보수와 진보의 관계가 경색되면서 타협점을 찾을 능력과 의지는 점점 줄어들고 있다. 민주당과 공화당 사이의 불신은 뿌리 깊고, 미국 민주주의의 특징인 양당제가 재검토될 정도로 분열의 위기에 처해 있다.

정치적 분열로 의회에서 과반을 확보하지 못하면 민주주의가 마비

정치적 분열이란 정치적 공론의 장에서 중도를 제쳐두고 극단적인 입장이 과격하게 표출되는 것을 말한다. 그로 인해 두 정당 간의 타협이 어려워지고, 결과적으로 민주주의가 약화하는 결과를 초래한다. 2018년 퓨 연구소의 여론조사에 따르면 정치적 타협에 호의적인 유권자는 공화당(44%)과 민주당(46%) 모두 절반에 못 미쳤다. 그러다 보니 낙태 권리나 총기 관리, 나아가 이민이나 인종 문제 등 진영끼리 대립하는 주제를 놓고 경직성이 나타나고 있다.

이러한 정치적 분열은 대통령이 의회에서 과반을 확보하지 못하면 민주주의를 마비시킬 수 있다. 서로 상대 정당이 의회를 통해 추진하는 입법안

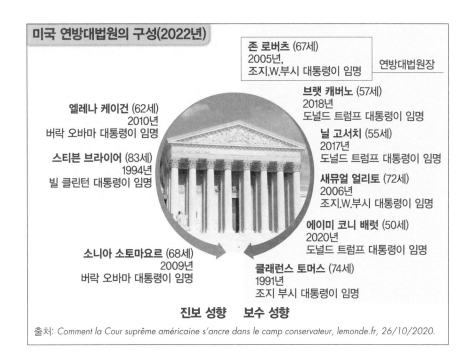

미국 연방대법원의 구성(2022년)

존 로버츠 (67세)
2005년,
조지.W.부시 대통령이 임명
연방대법원장

브랫 캐버노 (57세)
2018년
도널드 트럼프 대통령이 임명

엘레나 케이건 (62세)
2010년
버락 오바마 대통령이 임명

닐 고서치 (55세)
2017년
도널드 트럼프 대통령이 임명

스티븐 브라이어 (83세)
1994년
빌 클린턴 대통령이 임명

새뮤얼 얼리토 (72세)
2006년
조지.W.부시 대통령이 임명

에이미 코니 배럿 (50세)
2020년
도널드 트럼프 대통령이 임명

소니아 소토마요르 (68세)
2009년
버락 오바마 대통령이 임명

클래런스 토머스 (74세)
1991년
조지 부시 대통령이 임명

진보 성향   보수 성향

출처: *Comment la Cour suprême américaine s'ancre dans le camp conservateur, lemonde.fr, 26/10/2020.*

의 상정과 통과를 방해하려 하기 때문이다. 실제로 오바마 대통령은 2015년과 2016년 상원을 장악한 공화당에 의해 조직적인 저항에 직면할 수밖에 없었다.

미국 대법관의 임명 또한 분열을 부추긴다. 종신제로 임명되는 대법관은 법령이나 행정 행위의 헌법 적합성 심리를 하며 이들은 다른 사법기관을 구속하는 판례가 되기도 한다. 누군가 은퇴 혹은 사망하면 대통령은 새 판사를 임명할 권리를 갖는데, 이것은 향후 정책 결정의 방향을 정할 수 있게 된다. 그래서 트럼프 행정부 시절에는 보수 원리주의 성향의 판사가 증가했다.

2016년 도널드 트럼프가 당선되고 미국은 여론 분열이 극심해지면서 민주주의의 위기를 겪었다. 그는 특유의 도발적인 성격 때문에 컨센서스(합의)를 찾기보다는 정적이나 언론을 공격해 신뢰성을 도마에 올렸다. 그래서 '페이크 뉴스(가짜 뉴스)'라는 말을 유행시키면서 친공화당에 속하지 않는 언론이 불공정하다고 비난하기 위해 자신이 페이크 뉴스를 양산하는 행위를 서슴지 않았다.

정치적으로 대립하는 언론에 대한 불신이 커진 결과 '대안 진실의 시대'라는 단어까지 생겨났다. 옥스퍼드 영어 사전에 따르면 이것은 '여론을 형성하는 데 객관적 사실보다는 개인의 감정이나 의견 개진이 더 영향력을 갖는 상황'이라고 정의돼 있다.

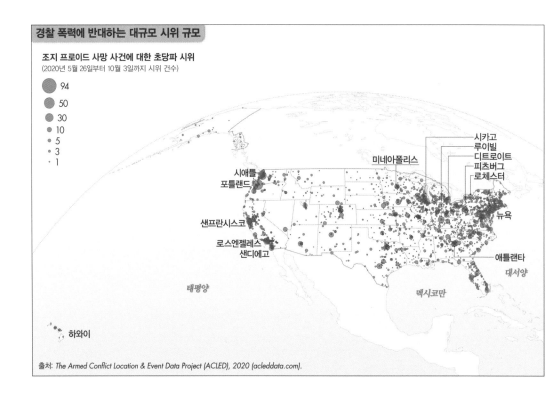

경찰 폭력에 반대하는 대규모 시위 규모

조지 프로이드 사망 사건에 대한 초당파 시위
(2020년 5월 26일부터 10월 3일까지 시위 건수)

94
50
30
10
5
3
1

시카고
루이빌
디트로이트
피츠버그
로체스터

미네아폴리스

시애틀
포틀랜드

샌프란시스코

로스엔젤레스
샌디에고

뉴욕

애틀랜타

태평양

멕시코만

대서양

하와이

출처: The Armed Conflict Location & Event Data Project (ACLED), 2020 (acleddata.com).

'블랙 라이브즈 매터' 운동으로 당파를 초월해 인종차별을 고발

정치운동 '블랙 라이브즈 매터'(BLM, 흑인의 목숨도 소중하다)가 나온 것은 2013년 흑인에 대한 집단적인 인종차별을 고발하기 위해서였다. 계기는 흑인 소년 트레이번 마틴이 피부색만으로 범죄 행위를 의심받아 지역 주민에게 살해당한 사건이다. 이후 조직적인 인종차별 반대 투쟁은 흑인이 살해되는 사건이 계속될 뿐 아니라 대부분 백인 경찰의 과실이 원인이었다는 점에서 미국 언론에서도 비중 있게 다뤄졌다.

끔찍한 사건이 겹치면서 여론 대부분이 흑인에 대한 인종차별이 여전히 지속되고 있음을 인식하기에 이른 것이다. 이렇게 해서 이 주제는 최근에는 드물게 당파를 초월한 논쟁거리가 됐다.

인종차별에 항의하는 시위가 최고조에 올랐던 것은 2020년 5월 25일, 또다시 조지 플로이드라는 흑인이 백인 경찰에게 살해된 사건이 일어나면서다. 이 사건의 진행 과정은 인근 행인에 의해 촬영됐다. 2020년 6월 초, 1,500만 명에서 2,600만 명의 사람들이 미국 전역 550개 도시에서 시위를 벌이고, 질식사에 이르게 한 공권력의 폭력을 고발했다. 이때 조지 플로이드가 최후에 숨을 쉴 수 없다고 말했던 것은 당파의 정치적 분열을 초월한 외침이 되었다.

공적·사적 공간을 통합한 복합 쇼핑몰이 생활의 중심

미국 사회를 공공장소와 사적 공간으로 나누는 것은 개인과 집단의 관계를 엄격하게 구분하기 때문이다.

사유 재산은 대부분 신성불가침의 영역으로 법률에 따라(헌법 수정 제5조) 엄격하게 보호된다. 반면 공공장소에 대한 인식도 개인을 중심으로 형성되어 있다. 공공 집회용 장소가 있긴 하지만, 대부분 법으로 인정되는 공공장소가 아니다. 그래서 공공장소에 대한 법적인 정의보다는 타인의 권리를 침해하지 않고 개인이 사용할 수 있느냐가 더 중요하다.

교회는 민간 건물인데 집회 등 공공 활동의 장소로 자주 이용

공적 공간을 어떻게 만들어갈지는 개인적 일상과 정치 활동에서 시민 생활이 차지하는 위치에 따라 결정된다. 미국은 공공투자가 유럽보다 부족하고 공공장소의 수도 적다. 각 지역의 많은 시민운동도 공공장소가 아닌 곳을 이용하고, 정치 캠페인과 전문가 조직이 개최하는 대회 또한 호텔 등 사적 공간을 주로 이용하고 있다.

예를 들어 교회는 미국에서 민간 건물인데 집회의 장소로 자주 이용되고 있다. 또한 실제로 종교는 공인된 활동이나 주(州)에서 후원하는 공공 활동을 적극적으로 수행하고 있으며, 특히 빈곤 대책에서는 다른 단체에 비해 큰 성과를 올리고 있다.

한편, 일부 민간의 상업 공간도 미국 사회에서 중요한 역할을 담당하고 있다. 가장 잘 알려진 것이 대형 상업센터인 '쇼핑몰'이다. 최초로 쇼핑몰이 탄생한 것은 1956년 미니애폴리스였다.

미국 최대 규모의 쇼핑센터로 꼽히는 '몰 오브 아메리카'

1992년 미네소타 블루밍턴에 문을 연 '몰 오브 아메리카(MoA)'는 미국 최대 규모의 쇼핑센터로 꼽힌다. 메트로폴리탄 스타디움 부지에 세운 폐

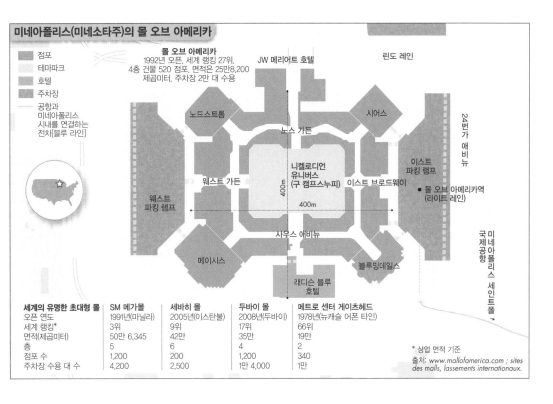

미네아폴리스(미네소타주)의 몰 오브 아메리카

- 점포
- 테마파크
- 호텔
- 주차장
- ----- 공항과 미네아폴리스 시내를 연결하는 전차(블루 라인)

몰 오브 아메리카
1992년 오픈, 세계 랭킹 27위.
4층 건물 520 점포, 면적은 25만8,200
제곱미터. 주차장 2만 대 수용

JW 메리어트 호텔　　린도 레인

노드스트롬　　시어스

노스 가든

웨스트 가든　　니켈로디언 유니버스 (구 캠프스누피)　이스트 브로드웨이

웨스트 파킹 램프　　400m

이스트 파킹 램프

몰 오브 아메리카역 (라이트 레인)

24번가 애비뉴

사우스 애비뉴

메이시스　　블루밍데일스

래디슨 블루 호텔

국제공항 미네아폴리스 세인트폴

세계의 유명한 초대형 몰	SM 메가몰	세바히 몰	두바이 몰	메트로 센터 게이츠헤드
오픈 연도	1991년(마닐라)	2005년(이스탄불)	2008년(두바이)	1978년(뉴캐슬 어폰 타인)
세계 랭킹*	3위	9위	17위	66위
면적(제곱미터)	50만 6,345	42만	35만	19만
층	5	6	4	2
점포 수	1,200	200	1,200	340
주차장 수용 대 수	4,200	2,500	1만 4,000	1만

* 상업 면적 기준
출처: www.mallofamerica.com ; sites
des malls, lassements internationaux.

쇄형 쇼핑센터에 수많은 점포가 들어선 것은 물론이다.

또한 이곳은 쇼핑센터를 중심으로 사방 4개 가장자리에 백화점이 배치되어 있고, 그 주위를 거대한 주차장이 둘러싸고 있는 것이 특징이다. 이런 구조는 뉴욕 등 일부 도시를 제외하고 지금은 거의 사라진 구조지만, 고객이 편안하게 접근해 쇼핑을 즐기기 쉽다는 점이 장점이다.

미국 최초의 실내 놀이공원으로 알려진 니켈로디언 유니버스도 '몰 오브 아메리카'를 방문하는 많은 고객한테 즐거움과 쾌적함을 선사하면서 쇼핑몰의 성가를 높이고 있다.

또 다른 예로는 미주리주 캔자스시티의 파워 앤 라이트 지구를 들 수 있다. 이 지구는 2000년대 지자체의 지원을 받은 볼티모어의 개발업체 코디시(Cordish Development LLC)가 오랫동안 주차장으로 사용되었던 공터를 재개발해 복합 쇼핑몰로 탈바꿈시켰다. 때문에 이곳은 수십 개의 호텔과 술집, 식당, 문화시설 등이 그 지역을 대표하는 새로운 명소로 캔자스시티 중심지 주변을 형성하고 있다.

사실 거의 방치돼 있던 이전의 볼티모어 도심지에 남아 있던 것은 국제회의용이나 사무용 빌딩, 호텔뿐이었다. 하지만 지자체로서는 대도시의 기능을 살리고 활기를 불어넣어 새로운 주민을 많이 끌어들이는 것이 중요했다. 또한 민간 기업들은 이런 도심 재생 계획에 참여해서 레저나 엔터테인먼트를 제공하고 돈도 번다는 의도가 서로 일치해 성공을 거둘 수 있었다.

그나저나 파워 앤 라이트 지구가 미국에서는 드물게 도심의 도로상에서 음주가 허용되었는데, 밤을 잊은 사람들이 모인다는 뉴올리언스의 프렌치 쿼터처럼 술집도 영업시간에 제한이 없다. 그 대신 이곳은 2008년 머

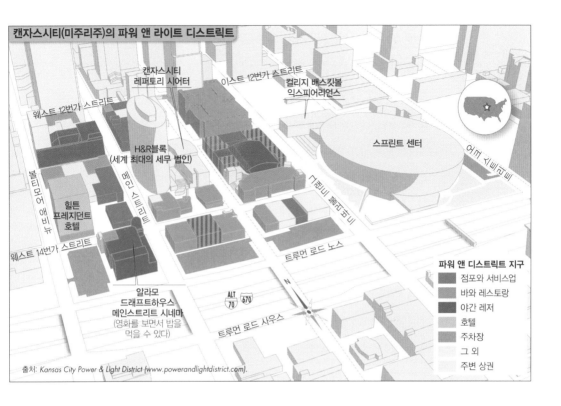

캔자스시티(미주리주)의 파워 앤 라이트 디스트릭트

캔자스시티
레퍼토리 시어터

이스트 12번가 스트리트

컬리지 배스킷볼
익스피어리언스

웨스트 12번가 스트리트

H&R블록
(세계 최대의 세무 법인)

스프린트 센터

어퍼 시쩨골비

볼티모어 애비뉴

메인 스트리트

힐튼
프레지던트
호텔

웨스트 14번가 스트리트

그랜드 매러골비

알라모
드래프트하우스
메인스트리트 시네마
(영화를 보면서 밥을
먹을 수 있다)

트루먼 로드 노스

ALT 70   670

트루먼 로드 사우스

파워 앤 디스트릭트 지구
- 점포와 서비스업
- 바와 레스토랑
- 야간 레저
- 호텔
- 주차장
- 그 외
- 주변 상권

출처: *Kansas City Power & Light District (www.powerandlightdistrict.com).*

리나 목에 두르는 반다나(스카프 등 헤어밴드의 일종)의 착용을 금지하는 엄격한 드레스 코드(비치는 속옷, 운동복 등도 금지)를 도입해 거센 비난을 받았다. 이런 규제의 주요 대상이 된 것은 젊은 흑인층이었고, 그리고 이런 형태의 드레스 코드를 인종차별로 간주했기 때문이다.

워싱턴 D.C.의 내셔널 몰은 정치적 건축물과 미술관 등으로 꾸민 공원

그렇다고 미국에 공용 공간이 별로 없다고 생각하면 안 된다. 일반인이 자유롭게 이용할 수 있는 시(市)나 카운티의 청사 외에도 정치적 공간인 전국 각지의 의사당은 다른 장소들을 압도한다.

특히 압도적인 규모를 자랑하는 워싱턴 D.C.의 내셔널 몰은 정치적 건축물과 미술관, 기념비 등으로 둘러싸인 공원이다. 미국의 정치를 상징하는 내셔널 몰은 1794년 프랑스 태생의 미국인 건축가 피에르 샤를 랑팡 소령이 설계 당시부터 주요 인물 중심의 콘셉트로 조성한 공간이다. 그리고 미국의 민주주의 행보와 역사, 주요 전쟁 등 중대한 사건, 그리고 초대 대통령이나 장군 같은 위대한 인물들을 기념하는 건축물로 채워져 있다.

18세기 말 수립된 내셔널 몰의 조성 기준이 당시엔 논란이 없었지만, 20세기에 이르러 전통적인 역사관이 쇠퇴하면서 논란이 일기 시작했다. 기념의 대상이 된 건국과 전쟁의 영웅들은 오직 와스프(WASP)뿐이었다는 점이 지적됐고, 특히 1960년대부터는 거센 비난을 받게 되었다.

그래서 뒤늦게 건립된 것이 국립아프리카미술관(1964년), 국립아메리카인디언박물관(1989년), 그리고 마틴 루서 킹 기념비(2011년) 등이다. 현재 히스패닉계도 목소리를 내고 있지만, 그들을 위한 공간은 아직도 만들어지지 않고 있다.

이런 기념물의 건축 형식은 각 주에서도 모방해, 규모가 작아도 국회의사당과 워싱턴 D.C.의 내셔널 몰과 흡사한 기념물을 만들어 각 주의 정체성과 민주주의를 지키는 토대가 되고 있다.

'정치적 전쟁'인 선거는
민주주의의 축제인가?

1776년 13개 주가 일치단결하여 독립선언과 함께 하나의 국가로 탄생한 것이 미국이고, 이어 1787년 헌법이 제정되었다. 근대 민주주의 국가로서 첫 출발을 세계에 공표한 역사적인 이정표였다. 그러나 이 책 첫머리에 인용했던 토크빌에 의해 그려진 미국의 민주주의 모델은 현재 암초에 부딪히고 있다. 국민이 분열되고, 정치는 유권자한테서 멀어지는 경향 속에서 대표권에 의문이 제기되는 중이다.

대통령 선거는 직접선거와 간접선거를 절충한 형태를 유지

미국의 선거는 직선제이고 기본적으로 한 번의 선거로 선출되지만, 대선만은 직접선거와 간접선거를 절충한 형태를 유지하고 있다. 투표는 18세 이상의 모든 시민에게 열려 있으며, 당선자는 다양한 정부 구조를 지닌 연방제에서 다음과 같이 분류된다. 연방정부(대통령, 연방의회), 주(지사, 주의회), 지방(시장, 카운티 대표) 등이다. 주(州)에 따라서는 보안관, 교육의원, 판사, 검사 등도 선거 대상에 오른다.

미국에서 투표하려면 선거인명부에 등록해야 하는데 선거인명부에 오른 미국인은 65~70%, 그중 투표하는 사람은 평균 40%다. 예외는 대통령 선거가 있는 해인데, 평균 60%까지 올라간다. 이는 같은 날 선거가 치

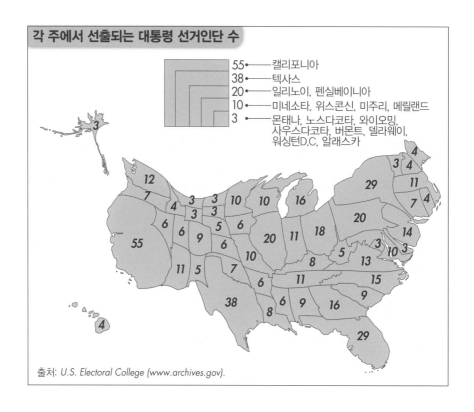

각 주에서 선출되는 대통령 선거인단 수

55 — 캘리포니아
38 — 텍사스
20 — 일리노이, 펜실베이니아
10 — 미네소타, 위스콘신, 미주리, 메릴랜드
3 — 몬태나, 노스다코타, 와이오밍,
사우스다코타, 버몬트, 델라웨이,
워싱턴D.C, 알래스카

출처: U.S. Electoral College (www.archives.gov).

러지기 때문이다. 대선은 주목도가 크기 때문에 2단계로 느껴질 수 있는 투표인데도, 적극적으로 참여하는 사람이 늘어나는 것이다.

45세 이하 및 소수자 그룹은 선거 참가율이 평균적으로 낮다. 2016년 대선에서 투표율은 히스패닉계가 47%, 흑인은 59%, 반면 백인은 65%였다. 까다로운 투표 기준(고정 주소 의무, 투표 시간 단축, 대리투표 불가 등)이 불안정한 생활을 하는 사람들의 투표장 발걸음을 억누르고 있다.

처음으로 선거 통계가 작성된 1978년 이후 투표 기권율은 계속 높아졌다. 최악의 경우는 2014년 선거로(상원, 하원, 일부 주지사) 전체 투표율은 41.9%였다. 그래도 상징적 혹은 정치적 의미가 많은 선거에서는 소수자와 젊은 층(18~34세)의 투표율 상승 현상이 나타나고 있다. 예를 들어 2008년 최초의 흑인 대통령인 버락 오바마가 선출된 대통령 선거와 2018년의 트럼프 행정부에 반대하는 중간선거가 그랬다.

인구 변화에 따라 '게리맨더링'이라고 불리는 선거구 획정을 실시

미국 헌법 제1장(입법부)은 인구 변화를 더 적절하게 반영하기 위하여 정기적으로 선거구를 재편성하라고 되어 있다. 선거구 획정은 10년에 한 번 실시되는 인구 총조사 결과에 따라 재검토되는데, 결정하는 주체는 의회, 2대 정당(공화당과 민주당) 선출위원회, 또는 독립적 위원회 등 각 주(州)에 따라 다르다. 다만 선거구가 확정되면 주지사가 최종 인가하는 절차를 거치게 되는 구조다.

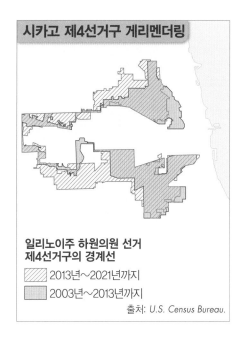

시카고 제4선거구 게리멘더링

일리노이주 하원의원 선거 제4선거구의 경계선

▨ 2013년~2021년까지
▧ 2003년~2013년까지

출처: *U.S. Census Bureau.*

또한 인구 변화에 따라 '게리맨더링(Gerrymandering)'이라고 불리는 선거구 획정을 통해 당파적 이해관계가 배려되어 왔다. 이것은 특정 후보자 또는 정당에 선거를 유리하게 만들거나 당선을 보장하기 위해 선거구를 자의적으로 조정하는 것을 의미한다.

게리맨더링은 1812년 매사추세츠 주지사 엘브리지 게리가 자신의 출신 정당에 유리한 구도를 만들기 위해 선거구를 재설정하면서 비롯됐다. 그것을 지도로 만든 모양이 샐러맨더(Salamander, 도룡뇽 모양의 괴물) 같은 전설 속 동물과 비슷해 당시 보스턴 가제트지의 기자가 '게리맨더'라는 조어를 만들었고, 이것이 나중에 게리맨더링이 됐다고 한다.

일리노이주 하원의원 선거 제4구는 게리맨더링의 대표적인 예 중 하나다. 시카고에 사는 히스패닉계의 지지를 받는 정치인이 쉽게 선출되도록 선거구가 나뉘어 있기 때문이다. 선 긋기는 히스패닉계 공동체를 연결하는 형태로 이뤄지며, 주로 북쪽에 사는 푸에르토리코계와 남쪽에 사는 멕시코계가 부자연스럽게 연결돼 있다.

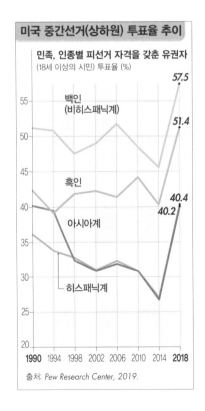

미국 중간선거(상하원) 투표율 추이

민족, 인종별 피선거 자격을 갖춘 유권자
(18세 이상의 시민) 투표율 (%)

출처: Pew Research Center, 2019.

대선에서 과반수를 얻지 않고도 대통령으로 선출되는 경우가 있다

대선은 미국 정치에서 가장 중요하고, 세계적으로 주목받는 행사이다. 선거 기간이나 간접선거제로 치러지는 선거조직 구성 모두 다른 선거의 관심도를 압도한다. 간접선거의 형태이지만 선거인단이 해당되는 주의 일반 유권자들의 투표로 결정된 후보에 일괄 투표를 하므로 직접선거에 해당한다고 할 수 있다.

두 달간의 공식 선거 기간(9월부터 11월 초까지)에 앞서 1년 반에 걸쳐 양대 정당의 대선 후보가 선출된다. 미국의 정치는 19세기 중반 이후 공화당과 민주당이 대립하는 양당제에 따라 지배되고 있다. 각 정당의 상징인 공화당의 코끼리와 민주당의 당나귀는 1870년대 신문에 게재된 풍자만화에서 유래했다.

대통령은 각 주에서 선출한 선거인들로 구성된 538명의 선거인단에 의해 선출되며, 이는 연방 의회 의원 수(상원의원 100명, 하원의원 435명)와 의회 의원이 없는 워싱턴 D.C.(컬럼비아 특별구)에서 선출되는 3명의 선거인을 더한 숫자다. 각 주의 선거인 수는 인구비에 따라 할당되기 때문에 원칙적으로는 선거마다 바뀐다. 미국의 대통령으로 선출되려면 선거인단의 과반수인 270표를 모아야 한다.

대통령 선거는 선거인단 선거와 대통령 선거의 2단계로 구성된다. 선거인단 선거에서는 일반 유권자가 원하는 대통령 후보에게 투표하며, 한 표라도 더 많은 후보가 승자독식제에 따라 뽑히는데, 해당 주의 선거인단은 전부 독점하는 선거 결과를 반영해 대통령을 선출한다.

이런 구조 때문에 미국에서는 전체 선거에서 과반수를 얻지 않고도 대통령으로 선출되는 경우가 있다. 2016년 도널드 트럼프가 대표적인데, 그는 힐러리 클린턴보다 300만 표 가까이 적게 얻었다.

4장

초강대국 파워로
동경과 반감을 동반

4장 들어가기

미국의 '소프트 파워(문화적 영향력)'는 문화와 라이프 스타일의 소비가 세계인에게 가지는 영향력을 의미한다. 그렇다고 해서 미국의 '하드 파워(물리적 영향력)'을 잊어서는 안 된다. 특히 국제관계가 미국 중심으로 움직이게 하는 결정적 요인이기 때문이다.

미국의 외교적 비중은 20세기 전반 이후 계속해서 바뀐 지정학적 형태에 따라 강화됐다. 프랑스 외교관 위베르 베드린(1947~)의 이론에 따르면 소련과 대립각을 세우던 '초강대국' 미국은 경쟁 상대가 없어진 시점에서 '유일 강국'으로 변화했다.
그러나 1990년대 이후 신흥 강국의 약진으로 새로운 역학 관계가 그려졌다. 경제 강국으로 성장한 중국이 새로운 경쟁자로 나타나 미국의 패권에 도전하고 있기 때문이다.

4장 정리하기

미국의 대외 정책은 '미국 예외주의' 이론의 영향을 많이 받고 있다. 이에 따르면 미국은 다른 국가들과는 근본적으로 다른 예외적 국가로서 그것이 그들의 가치관과 이익에 따라 세계를 만들 권리와 의무를 정당화하고 있다.

그것을 반영한 것이 서부 개척 시대를 이끈 개척자의 정신이자 신앙이다. 이른바 신의 사명을 받은 초기 개척자들이 서부에 문명과 민주주의를 보급하고 이후 세계 전체로 확대한다는 것이다. 만약 이 이론이 미국인들에게 우월감으로 작용한다고 가정한다면, 미국의 고립주의와 함께 지구촌 문제에 관여하려는 그들의 동기도 이해할 수 있을 것이다.

제2차 세계대전 이후 정치, 경제, 이데올로기에 큰 변동이 일어나 세계 전체가 재편성되었음에도 국제무대를 지배하는 미국의 저력은 변함없이 건재한 것 같다. 이것이 세계인이 선망하는 아메리칸드림의 실체이며, 동경과 동시에 반감을 불러일으키는 초월적인 힘으로 다른 국가들을 압도하고 있다. 그래서 미국이 세계인을 향해 뿜어내는 매력의 실체는 달콤한 꿈과 끔찍한 악몽 사이의 모호함에 있다고 할 수 있을 것이다.

세계 대중문화를 장악한
문화 제국주의의 영향력

세계에 대한 미국의 영향력은 군사력에서 비롯되지만, 어쩌면 '소프트 파워'라고 불리는 문화적 영향력이 더 막강한 권력을 행사하는지도 모른다. 일부에서 미국의 '문화 제국주의'라고 비난하는 미국 문화 콘텐츠의 힘은 특히 1945년 이후 세계를 석권하다시피 했다. 그중에서도 세계의 모든 지식과 정보를 수렴하는 영어를 통해 수십억 사람들의 일상생활을 지배하는 영향력을 행사할 뿐 아니라 인터넷을 통해 더욱 강화하고 있다.

세계 문화를 지배하는 미국 소프트 파워의 양대 축은 영어와 영화

20세기 후반 영어가 세계 공통의 비즈니스 언어(유명한 것이 '글로비시'라는 신조어로 국제 공통의 언어가 된 영어를 지칭)로 자리 잡았고, 영화는 미국이 세계에 영향을 끼치는 문화 중 가장 뛰어난 성과를 거두고 있다. 실제로 할리우드에서 크게 히트한 영화는 전 세계 박스오피스의 흥행성적 순위를 독차지하고 있으며, 상위 1~10위에는 대부분 미국 영화가 오르고 있다.

미국 영화가 이토록 강력한 것은 할리우드의 시나리오가 세계 시장에 수용될 수 있는 막강한 킬러 콘텐츠와 마케팅 파워를 가지고 있기 때문이다. 그리고 미국은 미국 영화를 위한 시장을 넓게 개방시키기 위해 다른

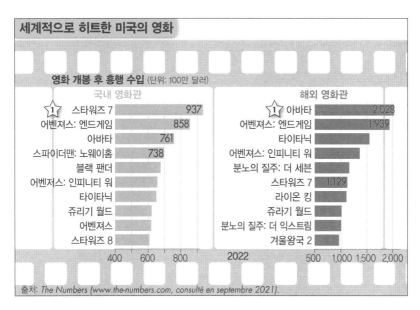

세계적으로 히트한 미국의 영화

영화 개봉 후 흥행 수입 (단위: 100만 달러)

국내 영화관

영화	수입
스타워즈 7	937
어벤져스: 엔드게임	858
아바타	761
스파이더맨: 노웨이홈	738
블랙 팬더	
어벤져스: 인피니티 워	
타이타닉	
쥬리기 월드	
어벤져스	
스타워즈 8	

400 600 800   2022

해외 영화관

아바타	2,028
어벤져스: 엔드게임	1,939
타이타닉	
어벤져스: 인피니티 워	
분노의 질주: 더 세븐	
스타워즈 7	1,129
라이온 킹	
쥬라기 월드	
분노의 질주: 더 익스트림	
겨울왕국 2	

500 1,000 1,500 2,000

출처: The Numbers (www.the-numbers.com, consulté en septembre 2021).

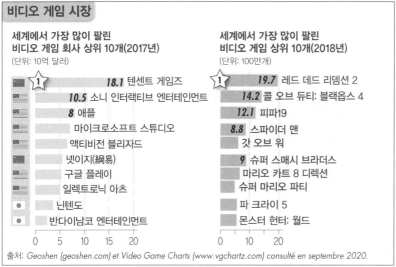

비디오 게임 시장

세계에서 가장 많이 팔린 비디오 게임 회사 상위 10개(2017년)
(단위: 10억 달러)

텐센트 게임즈	18.1
소니 인터랙티브 엔터테인먼트	10.5
애플	8
마이크로소프트 스튜디오	
액티비전 블리자드	
넷이지(綱易)	
구글 플레이	
일렉트로닉 아츠	
닌텐도	
반다이남코 엔터테인먼트	

0 5 10 15 20

세계에서 가장 많이 팔린 비디오 게임 상위 10개(2018년)
(단위: 100만개)

레드 데드 리뎀션 2	19.7
콜 오브 듀티: 블랙옵스 4	14.2
피파19	12.1
스파이더 맨	8.8
갓 오브 워	
슈퍼 스매시 브라더스	9
마리오 카트 8 디렉션	
슈퍼 마리오 파티	
파 크라이 5	
몬스터 헌터: 월드	

0 10 20

출처: Geoshen (geoshen.com) et Video Game Charts (www.vgchartz.com) consulté en septembre 2020.

국가의 영화 상영 할당치(스크린쿼터)를 축소하는 통상 조약도 체결하고 있다.

또한 미국은 영화 외에도 대중음악과 TV 시장(세계에서 가장 많이 볼 수 있는 연속극은 미국 드라마이며, 그중 2019년 시즌 8로 막을 내린 〈왕좌의 게임〉은 173개국에서 배급받는 신기록을 수립), 비디오 게임 시장에서도 압도적인 강자로 군림하고 있다. 특히 후자는 영화 이상의 성과를 안겨줬는데, 미국 뉴욕의 게임회사 테이크 투 인터랙티브의 액션 게임 〈그랜드 시프트 오토(GTA)〉는 지금까지 60억 달러 이상의 수입을 올렸다. 게다가 이 중 10억 달러는 2013년 출시된 후 첫 3일 동안 기록한 판매액이고, 2019년 세계에서 가장 많이 팔린 게임 순위에 오르기도 했다.

미국 소프트 파워의 또 다른 형태가 세계적인 프랜차이즈 체인인데, 그 첫손가락으로 꼽을 수 있는 것이 맥도날드와 스타벅스일 것이다. 이들 브랜드는 거의 전 세계 시장에 진출했으며, 정크푸드의 이미지로 보이지 않도록 현지화에 노력하고 있다. 한편 현지의 경쟁 업체들도 그런 상품이나 판매 방법으로 시장에 도전장을 내놓고 있다.

최근 들어 여러 나라가 자국의 강력한 문화적 정체성을 유지하려고(인도의 발리우드나 국고를 보조받는 프랑스 영화 등) 노력하고 있으며, 세계 문화의 다양성이 강조되면서 미국의 문화 제국주의도 일정한 한계를 보여주고 있다.

이민의 나라답게 다양한 사람들이 모인 모자이크 상태가 문화적 특징

사실 미국은 이민의 나라답게 문화적으로 하나의 아이덴티티(정체성)를 가지고 있는 게 아니라 출신이나 취향이 다양한 사람들이 모인 모자이크

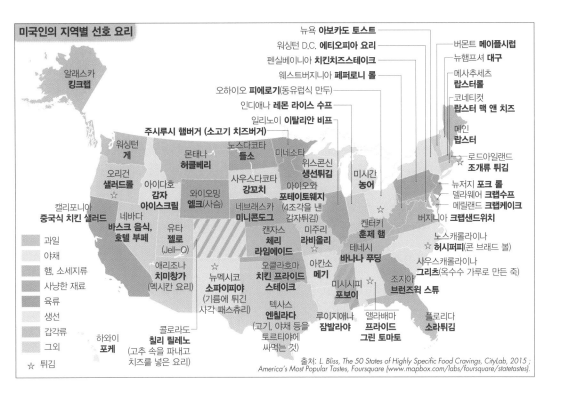

미국인의 지역별 선호 요리

뉴욕 **아보카도 토스트**
워싱턴 D.C. **에티오피아 요리**
펜실베이니아 **치킨치즈스테이크**
웨스트버지니아 **페퍼로니 롤**
오하이오 **피에로기**(동유럽식 만두)
인디애나 **레몬 라이스 수프**
일리노이 **이탈리안 비프**

버몬트 **메이플시럽**
뉴햄프셔 **대구**
메사추세츠 **랍스터롤**
코네티컷 **랍스터 맥 앤 치즈**
메인 **랍스터**
☆ 로드아일랜드 **조개류 튀김**
뉴저지 **포크 롤**
델라웨어 **크랩수프**
메릴랜드 **크랩케이크**
버지니아 **크랩샌드위치**
노스캐롤라이나 ☆ **허시퍼피**(콘 브레드 볼)
사우스캐롤라이나 **그리츠**(옥수수 가루로 만든 죽)
조지아 **브런즈윅 스튜**
플로리다 **소라튀김**

알래스카 **킹크랩**
워싱턴 **게**
오리건 **샐러드롤**
캘리포니아 **중국식 치킨 샐러드**
네바다 **바스크 음식, 호텔 부페**
아이다호 **감자 아이스크림**
유타 **젤로** (Jell-O)
애리조나 **치미창가**(멕시칸 요리)
뉴멕시코 **소파이피야**(기름에 튀긴 사각 패스츄리)
콜로라도 **칠리 릴레노**(고추 속을 파내고 치즈를 넣은 요리)
하와이 **포케**

몬태나 **허클베리**
주시루시 햄버거 (소고기 치즈버거)
노스다코타 **들소**
사우스다코타 **강꼬치**
와이오밍 **엘크**(사슴)
네브래스카 **미니콘도그**
캔자스 **체리 라임에이드**
오클라호마 **치킨 프라이드 스테이크**
텍사스 **엔칠라다**(고기, 야채 등을 토르티야에 싸먹는 것)

미네소타
위스콘신 **생선튀김**
아이오와 **포테이토웨지**(4조각을 낸 감자튀김)
미주리 **라비올리**
아칸소 **메기**
루이지애나 **잠발라야**

미시간 **농어**
켄터키 **훈제 햄**
테네시 **바나나 푸딩**
미시시피 ☆ **포보이**
앨라배마 **프라이드 그린 토마토**

과일
야채
햄, 소세지류
사냥한 재료
육류
생선
갑각류
그외
☆ 튀김

출처: L. Bliss, The 50 States of Highly Specific Food Cravings, CityLab, 2015 ; America's Most Popular Tastes, Foursquare (www.mapbox.com/labs/foursquare/statetastes).

상태라고 보는 게 적절하다. 미국이 이처럼 문화적으로 다양한 나라가 된 것은 히스패닉계 인구가 급격히 늘어난 데 원인이 있으며, 그 결과 멕시코와의 국경 지대에는 '멕사메리카(멕시코와 미국을 합친 조어)'라고 불리는 지역이 생기기도 했다.

그곳에서 가장 많이 언급되는 언어는 스페인어로, 축구는 유럽 리그가 주도하고, TV 방송국이나 신문도 히스패닉계가 증가하고 있다. 이렇게 외국에서 기원한 문화적 이벤트가 미국 주류 문화에도 점점 확고하게 뿌리내리고 있다.

예를 들면 옥토버페스트(독일 뮌헨에서 9월 말에서 10월 초까지 열리는 맥주

축제), 중국의 설날, 이탈리아 사람들이 여는 나폴리의 성인 산 젠나로 축제(9월 하순), 아일랜드 사람들이 매년 3월 17일에 여는 성 패트릭의 날 등이 해마다 성대한 이벤트와 함께 치러지고 있다. 마찬가지로 미국 원주민의 문화도 1970년대 이후 권리를 인정받으려는 투쟁과 동시에 다양한 형태로 복권을 시도하고 있다.

한편 미국인들이 좋아하는 음식 메뉴 지도를 보면 지방에 따른 차이를 확연히 알 수 있다. 지역 특산물에 따른 차이도 있는데, 북부 및 루이지애나의 생선과 갑각류, 다코타의 들소, 앨라배마의 프라이드 그린 토마토가 대표적이다. 또 원주민 요리법(사우스캐롤라이나와 노스캐롤라이나의 옥수수를 이용한 과자 콘브레드와 그리츠, 옥수숫가루 반죽으로 만드는 네브래스카의 미니콘도그)나 각 민족의 대표 요리(남서부의 멕시코 요리, 워싱턴 D.C.의 에티오피아 요리)도 대중적인 인기를 얻고 있다.

미국 문화가 외부의 저항과 내부의 다양성 때문에 완전히 세계를 제패하기는 힘들 것으로 보인다. 하지만 로드롤러(땅을 다지는 거대한 중장비)와 비슷한 미국의 마케팅 전략이 계속 세계 시장을 다져나갈 것이라는 데는 의심의 여지가 없다.

국제 무역의 주도권 놓고
중국과 전면적인 무역 전쟁

경제 대국 미국이 국제 무역을 지배하고 있다는 사실에는 논란의 여지가 없지만, 서서히 약화하고 있는 것 또한 명백하다. 미국은 최대의 수출국이자 수입국의 지위로 세계 무역을 주도하고 있다. 미국이 주요 상대국과 무역협정을 제도화하는 것은 필수 불가결한 국가 차원의 전략적인 문제다. 또한 미국은 모든 수단을 동원해 자국의 이익을 앞세우고 자신들의 규칙을 강제한다.

세계 경제에 대한 미국의 지배력은 점차 하향 곡선

미국은 국제 무역을 지배하고 있다. 2018년 세계 수출 총액의 8.5%(중국에 이어 세계 2위), 수입 총액의 13.2%(세계 1위)를 차지하고 있다. 2019년도는 농산물, 항공우주, 자동차, 집적회로의 수출에서 세계 1위를 유지했다. 또한 석유, 천연가스 수출에서도 셰일 가스와 석유 개발의 폭발적인 성장세에 힘입어 세계 1위로 올라섰다.

그러나 세계 경제에 대한 미국의 지배력은 점차 하향 곡선을 그리고 있다. 금융업계에 격변이 일어난 것이 2015년, 세계은행이 세계 제일의 경제 대국 자리를 미국이 중국에 내주었다고 발표했을 때였다.

실제로 중국은 구매력 평가(PPP)에 의한 GDP로는 세계 1위이다. 중국

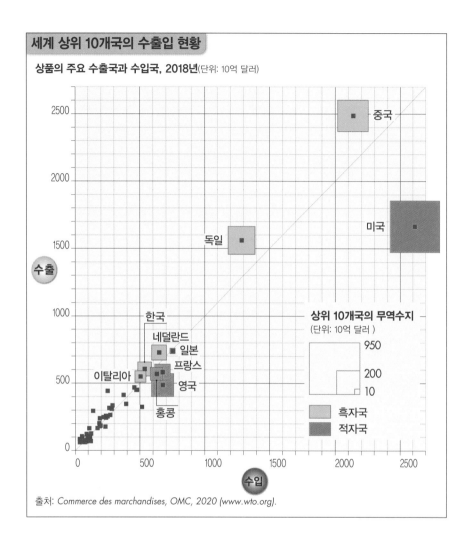

세계 상위 10개국의 수출입 현황

상품의 주요 수출국과 수입국, 2018년(단위: 10억 달러)

수출

중국

미국

독일

한국
네덜란드
일본
프랑스
이탈리아
영국
홍콩

상위 10개국의 무역수지
(단위: 10억 달러)

950
200
10

흑자국
적자국

수입

출처: *Commerce des marchandises, OMC, 2020 (www.wto.org).*

은 23조 3,000억 달러, 미국은 19조 3,000달러(2019년)이다. 보정 전 GDP
로 비교하면 2019년 기준 미국이 21조 4,000억 달러이고, 중국은 14조
1,000억 달러이지만 이러한 수치로부터 알 수 있는 것은 미국의 경제가
2007~2008년의 위기(리먼 쇼크) 이후 후퇴하고 있다는 점이다. 게다가

방대한 인구와 자원을 바탕으로 세계 경제의 주역으로 부상한 신흥 강국 BRICs(브라질, 러시아, 인도, 중국)의 도전도 만만치가 않다.

NAFTA는 미국, 캐나다, 멕시코 3국 중심의 자유무역협정

1992년 12월 조인되어 1994년 1월부터 시행된 북미자유무역협정(NAFTA, 스페인어로는 TLCAN)은 미국, 캐나다, 멕시코 3국 중심의 세계 최대의 자유 무역권을 만들었다. 목적은 3국 간 교역과 투자의 안정과 발전, 그리고 일자리 창출을 촉진하는 것이었다. 이 때문에 NAFTA는 경제 전체를 제도화하고, 그 가운데 관세 장벽을 완화해 유형재와 서비스 관련 상품의 유통을 자유롭게 했다. 다만 사람의 이동은 제한했다.

그런데 NAFTA의 재무제표는 경제 분석가들 사이에서 논란거리가 되고 있다. 3국 간 교역량은 1993년 2,900억 달러에서 2017년 1억 1,000억 달러로 껑충 뛰었고, 성장 속도도 다른 지역보다 빨랐기 때문이다. 특히 멕시코 경제에 엄청난 변화를 가져왔는데, 멕시코는 급격한 산업화와 함께 미국 시장의 물류 거점으로 자리 잡았다.

그런데 이 협정은 미국의 무역 수지 개선에는 실패했다. 미국은 근린 2개국을 상대로 엄청난 적자를 냈고, 마침내 트럼프 행정부는 이를 고발하기에 이른다. 3년간의 협상을 거쳐 2020년 7월 1일 NAFTA는 미국, 멕시코, 캐나다 협정(USMCA)으로 바뀠다. 수정된 내용은 미국의 상황을 반영하는 것으로, 핵심은 미국의 유제품이나 자동차 산업, 섬유 분야를 보호하는 것이었다. 그리고 자유무역의 기본 원칙은 거의 손을 대지 않았다.

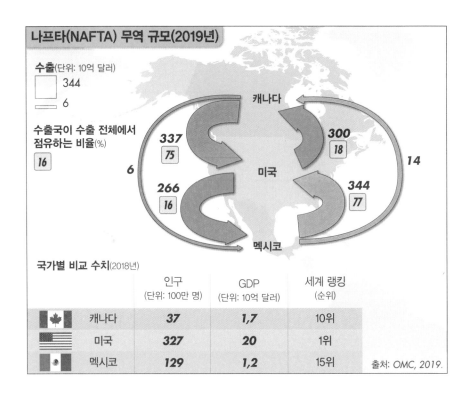

나프타(NAFTA) 무역 규모(2019년)

수출(단위: 10억 달러)
344
6

수출국이 수출 전체에서 점유하는 비율(%)
16

캐나다

337 / 75

300 / 18

6

미국

14

266 / 16

344 / 77

멕시코

국가별 비교 수치(2018년)

		인구 (단위: 100만 명)	GDP (단위: 10억 달러)	세계 랭킹 (순위)
🇨🇦	캐나다	37	1,7	10위
🇺🇸	미국	327	20	1위
🇲🇽	멕시코	129	1,2	15위

출처: OMC, 2019.

바이든 정부의 대중 정책 핵심은 '동맹의 활용'과 '가치 중시'로 요약

최근 10여 년 동안 미국은 침체한 자국 경제를 살리기 위해 중국을 상대로 전면적인 경제 전쟁을 수행하고 있다. 특히 트럼프는 양국 간 무역 수지를 내세우면서 미국이 희생되어 대중국 무역 적자를 키우고 있다고 호소했다. 그리고 중국에 대해 부정한 경쟁 및 투자 자유에 대한 방해 등을 지적하며 불공정 무역을 비난했다. 양국 간 긴장이 고조되면서 일종의 무역 전쟁으로 번졌고, 2018년 3월에는 트럼프 행정부가 중국에 대한 관세

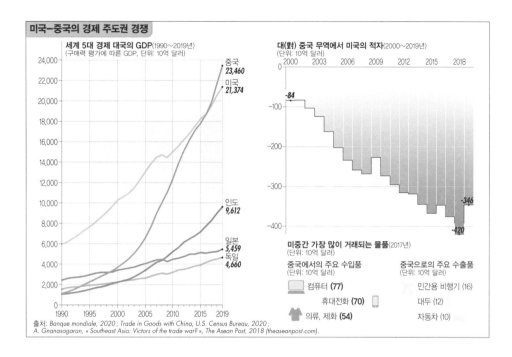

미국-중국의 경제 주도권 경쟁

세계 5대 경제 대국의 GDP(1990~2019년)
(구매력 평가에 따른 GDP, 단위: 10억 달러)

중국 23,460
미국 21,374
인도 9,612
일본 5,459
독일 4,660

대(對) 중국 무역에서 미국의 적자(2000~2019년)
(단위: 10억 달러)

-84
-346
-420

미중간 가장 많이 거래되는 물품(2017년)
(단위: 10억 달러)

중국에서의 주요 수입품
(단위: 10억 달러)
컴퓨터 (77)
휴대전화 (70)
의류, 제화 (54)

중국으로의 주요 수출품
(단위: 10억 달러)
민간용 비행기 (16)
대두 (12)
자동차 (10)

출처: Banque mondiale, 2020 ; Trade in Goods with China, U.S. Census Bureau, 2020 ;
A. Gnanasagaran, « Southeast Asia: Victors of the trade war? », The Asean Post, 2018 (theaseanpost.com).

인상과 수입 규모 규제를 선언했다.

2021년 취임한 바이든도 트럼프의 강경한 대중 정책의 기조를 이어가고 있다. 바이든 정부의 대중 정책 핵심은 '동맹의 활용'과 '가치 중시'로 요약할 수 있다. 미국이 유럽과 아시아의 동맹국들과 연합해 인권 문제 제기와 함께 첨단기술, 반도체의 공급망을 차단함으로써 중국의 거센 도전을 물리치겠다는 전략이다.

'천조국'이란 별명과 함께
세계 최강의 군사력 보유

세계 최강의 국력을 과시하는 미국의 기반은 압도적인 군사력의 배치와 뛰어난 장비를
갖춘 군대, 그리고 무기와 항공 분야의 최첨단 군수 산업의 강력한 결합에 있다. 또한
1943년 건설된 국방부의 펜타곤 건물은 세계 최대의 사무용 건물 중 하나로 미국 경제
와 국토를 전략적으로 관리하는 데 중추적인 역할을 담당하고 있다.

제2차 세계대전에서는 미국 역사상 가장 많은 군사비를 지출

미국은 강대국의 상징인 군대에 대해 투자를 아끼지 않는다. 미국의 군
사비는 세계 최고이며, 2018년도 6,490억 달러는 중국(2,500억 달러)의 2.6
배, 세계 군사비의 38%나 된다. 그러나 GDP에서 차지하는 비율은 3.4%
이며, 그 점에서 미국은 오만(8.8%)이나 사우디아라비아(8%)보다는 국방
비 비중이 낮은 편이다. 또한 2018년도 예산 비중에서도 방위와 안전 보
장은 전체의 12%인데, 사회보장(23%), 연금(19%), 교육(15%)의 비중이
상대적으로 더 높다.

한편 역사적으로 보면 시대에 따라 변동이 있었다. 제2차 세계대전에서
는 미국 역사상 가장 많은 군사비가 지출되었고, 1945년 국방비는 GDP

대비 41%로 사상 최고였다. 그 후 군사비
가 정점을 찍은 시기는 미국이 주도한 주요
전쟁과 일치한다. 한국 전쟁(1953년의 15%),
베트남 전쟁(10%) 등이다.

2001년 9.11테러도 군사비의 팽창을 가
져왔지만, 이는 오바마 행정부에 의해 제동
이 걸리면서 2008~2016년까지는 감소했
다. 그러나 도널드 트럼프 당선은 다시 군
사비의 증가를 가져왔다. 징병제가 폐지된
1973년 이래 미국이 소유한 군대는 상비
군으로 2018년 현역 병사 수 134만 명이 5
개 군대별 임무에 따라 비례 배치되었다. 군인 수 기준은 육군(Army)-해군
(Navy)-공군(Air Force)-해병대(Marine Corps)-연안경비대(Coast Guard) 순이
다.

거기에 더해 약 120만 명의 예비역 군인과 행정 직원(88만 명)이 국방부
에 고용되어 있다. 이렇게 해서 미군은 병력 규모에서 중국, 인도에 이어 3
위에 올라 있다. 또 인구 대비로는 인구 1,000명당 정규군 6.7명으로 북한
(306명)이나 이스라엘(76.3명)에는 미치지 못한다.

군산복합체는 무기 등 군수 산업뿐 아니라 군사기지 건설에도 참여

미군은 강력하고 역동적인 군산복합체의 지원으로 세계 최강의 전력을 자랑한다. 미국의 군산복합체는 세계 무기 시장을 지배하는 군수 산업뿐 아니라 군사기지 건설 등 국토 개발에도 기여하고 있다. 제2차 세계대전 이후 군사 거점의 재편에 따라 남부선 벨트 지대의 도시들이 경제 발전을 이룬 것이다.

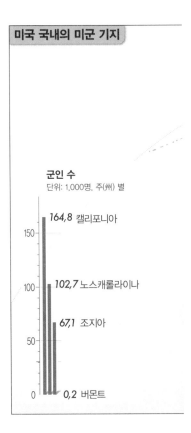

미국 국내의 미군 기지

군인 수
단위: 1,000명, 주(州) 별

164,8 캘리포니아

102,7 노스캐롤라이나

67,1 조지아

0,2 버몬트

북동부 산업의 중심지에는 18세기 말 이후 무기 산업 단지(매사추세츠주 스프링필드의 무기 회사)와 조선소(보스턴의 해군공창-함정이나 병기 등의 제조와 수리를 하는 곳)가 입주해 있다. 1970~80년대 이후에는 남부와 서부에도 새로운 군수 산업 거점이 건설되었다. 이 지역은 토지가 광대하고 저렴한 데다가 온화한 기후 때문에 특히 항공산업이 발달했다.

현재, 미군과 군사 장비를 거래하는 기업 대부분은 텍사스와 캘리포니아에 집중되어 있다. 또한 이 두 개의 주를 제외하고 군수 산업의 상징적인 장소를 꼽자면 항공기 제작사인 보잉을 거느리고 있는 시애틀(워싱턴주), 2대 공군기지와 공군사관학교가 있는 콜로라도 스프링스(콜로라도주) 등이며, 로켓 도시라고도 불리는 헌츠빌(앨라배마주)에는 수많은 탄약공장과 함께 NASA의 우주로켓센터, 육군 항공미사일사령부가 있다.

미군의 또 다른 특징을 꼽자면 513개의 군사기지가 미 전역에 분산되어 있는데, 전체 면적 10만㎢ 중 기지의 비율은 약 1%에 불과하다는 점

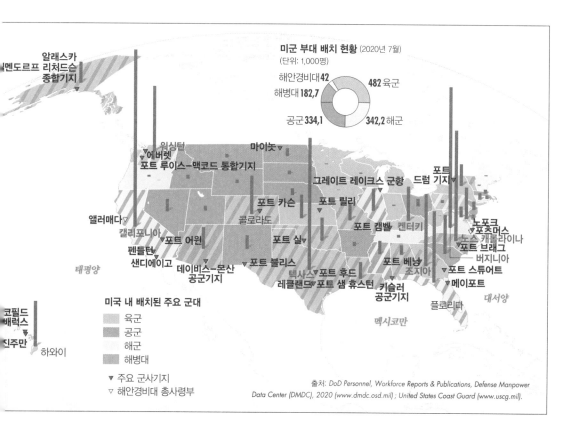

미군 부대 배치 현황 (2020년 7월)
(단위: 1,000명)

해안경비대 42 · 482 육군
해병대 182,7
공군 334,1 · 342,2 해군

알래스카
엘멘도르프 리처드슨
종합기지

워싱턴
에버렛
포트 루이스-맥코드 통합기지

마이놋 ▽

그레이트 레이크스 군항

포트 드럼 기지

노포크
포츠머스
노스캐롤라이나
포트 브래그
버지니아

앨러미다 ▽

캘리포니아

포트 어윈

콜로라도

포트 카슨

포트 라일리

포트 캠벨 켄터키

펜들턴
샌디에이고

데이비스-몬산
공군기지

포트 블리스

포트 실 ▽

텍사스 포트 후드
레클랜드 포트 샘 휴스턴
키슬러
공군기지

포트 베닝

조지아

포트 스튜어트

메이포트

플로리다

태평양

대서양

멕시코만

미국 내 배치된 주요 군대

육군
공군
해군
해병대

▼ 주요 군사기지
▽ 해안경비대 총사령부

코필드
배럭스

진주만

하와이

출처: DoD Personnel, Workforce Reports & Publications, Defense Manpower
Data Center (DMDC), 2020 (www.dmdc.osd.mil) ; United States Coast Guard (www.uscg.mil).

이다. 그중에서도 가장 큰 기지(세계에서도 가장 크다)는 노스캐롤라이나주
의 포트브래그기지로 650㎢ 부지에 11만 명이 생활하고 있는데, 이 중 5
만 7,000명이 현역 병사이다. 중남부의 페이엣빌 외곽에 있는 기지는 말
그대로 도시 속의 군사도시라 할 만하다. 군인과 가족들을 위한 주택 구
역(단지) 및 훈련 구역, 관리 시설, 창고 단지와 2개의 비행장 외에도 학교,
의료, 문화(미술관), 스포츠(골프) 시설도 두루 갖추고 있다.

미국의 연간 군사비는 중국 포함 상위 9개국 군사비의 총합보다 많다

　미국이 전 대륙을 향해 전개한 군사력의 규모는 다른 국가와 비교가 불가할 정도로 막강하다. 미국의 연간 군사비는 중국의 3배에 이르고, 중국 포함 상위 9개국의 군사비를 합친 것보다 많다. 이런 전략적 우위는 미국

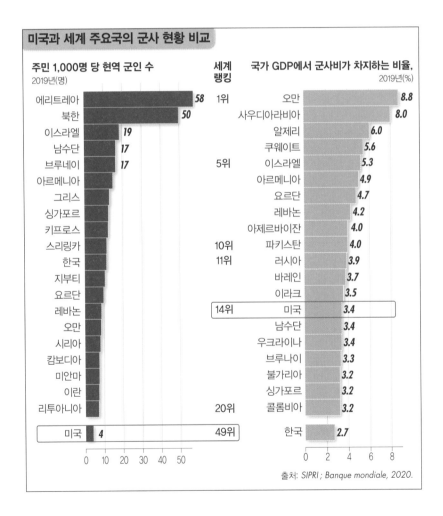

미국과 세계 주요국의 군사 현황 비교

주민 1,000명 당 현역 군인 수
2019년(명)

에리트레아	58
북한	50
이스라엘	19
남수단	17
브루네이	17
아르메니아	
그리스	
싱가포르	
키프로스	
스리랑카	
한국	
지부티	
요르단	
레바논	
오만	
시리아	
캄보디아	
미얀마	
이란	
리투아니아	
미국	4

세계 랭킹

1위
5위
10위
11위
20위
49위

국가 GDP에서 군사비가 차지하는 비율,
2019년(%)

오만	8.8
사우디아라비아	8.0
알제리	6.0
쿠웨이트	5.6
이스라엘	5.3
아르메니아	4.9
요르단	4.7
레바논	4.2
아제르바이잔	4.0
파키스탄	4.0
러시아	3.9
바레인	3.7
이라크	3.5
미국	3.4
남수단	3.4
우크라이나	3.4
브루나이	3.3
불가리아	3.2
싱가포르	3.2
콜롬비아	3.2
한국	2.7

세계 랭킹: 14위 (미국)

출처: SIPRI ; Banque mondiale, 2020.

이 수십 년 전부터 '세계 경찰관'에 걸맞은 전력을 기반으로, 자국의 이익을 지키기 위해 세계 안전의 보루 역할을 해 왔기 때문이다. 그러나 중국의 부상과 신냉전의 전개에 따르는 국제 역학 관계가 급변함에 따라 동맹 관계의 재구축과 군사력 재편성에 전력을 기울이고 있다.

인도태평양과 유럽을 잇는
세계 전역에 미군을 배치

미국이 국외에 둔 군사기지 규모는 세계 최대로, 45개국의 전략 거점에 분산되어 있다. 병력이 가장 많은 곳은 동아시아(한국, 일본)와 독일이다. 다만 해외에서 전개된 병력은 적은 인원의 현역병 중심이며, 그것도 2010년 이후는 감소했다. 2019년 현재 해외에 주둔하는 미국 군인은 17만 7,000명(13.5%)이다.

핵 추진 항공모함과 잠수함들이 지구의 해양 전체를 나누어 관할

해외에 주둔하는 미군 전력이 동아시아와 독일에 집중된 것은 제2차 세계대전의 유산이다. 특히 일본은 동아시아에서 미국의 영향력을 유지하기 위해 전략적으로 매우 중요하다.

그래서 일본 오키나와에만 약 2만 6,000명의 미군이 주군하고 있을 정도다. 하지만 오키나와의 주민들은 오키나와가 미국의 '배후기지'라는 사실에 불만이 커지고 있다. 미군 주둔으로 얻는 경제적 혜택은 감소하는 반면, 그들이 일으키는 경범죄(상해, 강도, 폭행 사건 등)와 훈련이 초래하는 여러 가지 불편과 미군 기지의 존재가 오키나와의 발전에 걸림돌로 작용하기 때문이다.

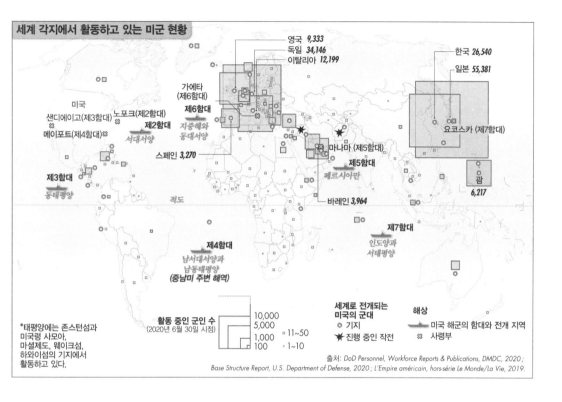

세계 각지에서 활동하고 있는 미군 현황

영국 *9,333*
독일 *34,146*
이탈리아 *12,199*
한국 *26,540*
일본 *55,381*

가에타
(제6함대)

미국
샌디에이고(제3함대)   노포크(제2함대)
메이포트(제4함대)
제6함대
지중해와
동대서양
제2함대
서대서양
스페인 *3,270*

요코스카 (제7함대)

마나마 (제5함대)
제5함대
페르시아만
바레인 *3,964*

괌
6,217

제3함대
동태평양

적도

제7함대
인도양과
서태평양

제4함대
남서대서양과
남동태평양
(중남미 주변 해역)

*태평양에는 존스턴섬과
미국령 사모아,
마셜제도, 웨이크섬,
하와이섬의 기지에서
활동하고 있다.

활동 중인 군인 수
(2020년 6월 30일 시점)

10,000
5,000
1,000   □ 11~50
100   · 1~10

세계로 전개되는
미국의 군대
◎ 기지
★ 진행 중인 작전

해상
미국 해군의 함대와 전개 지역
⊗ 사령부

출처: DoD Personnel, Workforce Reports & Publications, DMDC, 2020 ;
Base Structure Report, U.S. Department of Defense, 2020 ; L'Empire américain, hors-série Le Monde/La Vie, 2019.

한편 독일에는 미국 본토를 제외하면 해외에서 가장 거대한 군사기지가 있다. 독일 카이저슬라우테른 지구의 람슈타인 공군기지에는 9,000명 이상의 병사가 주둔하고 있다.

한편, 중동 지역에서의 경우는 더 미묘하다. 이 지역에서의 미군의 주둔은 복잡한 정세만큼이나 매우 민감한 문제로 동맹국과 추진하는 외교 협상의 주요 테마이다. 단 안전상의 문제 때문에 걸프만에 있는 미군의 기지 위치와 병력 상황 등 상세 내용은 공개하지 않고 있다.

미군이 지상에서 행사하는 영향력은 바다를 커버하는 항공모함 등 해군력에 의해서 한층 막강해지고 있다. 7개 사령 구역(7함대)에 핵 추진 항공모함과 잠수함들이 배치되어 지구의 해양 전체를 바둑판 모양으로 나누어 관할하고 있다. 이런 구도를 최종적으로 보완하고 완성하는 것은 NATO(북대서양조약기구)인데, NATO는 이 데이터를 기반으로 UN과의 협력을 통한 외교적, 전략적 동맹을 강화하고 있다.

동아시아와 유럽의 동맹을 연결하는 새로운 인도태평양전략을 추진

미국의 외교 정책은 고립주의(18세기 말 조지 워싱턴 정부~20세기 초 제2차 세계대전 초기)와 개입주의가 번갈아 시행된 특색이 있다. 1941년 진주만 공격은 미국의 고립주의에 마침표를 찍었으며, 제2차 세계대전 이후에는 세계적 차원에서 미군의 패권이 확고해졌다.

그 후 60년 동안 미국은 여러 나라에 군사적으로 개입해 민주주의에 대항하는 정치 세력을 '악의 축'이라고 규정한 채 제거하는 데 몰두했다.

한국이나 쿠바와 베트남의 공산주의자, 아프가니스탄의 탈레반, 이라크나 리비아의 독재자들이 바로 축출해야 할 대상이었다. 미국은 이를 위해 공식적인 개입을 넘어선 은밀한 작전도 진행했다. 1973년 칠레 피노체트 정권을 무너뜨린 라틴아메리카의 쿠데타는 미국 비밀부대가 가담했다.

한편, 현대의 새로운 지정학적 문제에 대처하기 위해 미국은 최근 방위 전략을 대폭 수정하는 중이다. 중국의 부상과 러시아의 우크라이나 침공으로 세계에 다시 신냉전 구도가 전개됨에 따라 동아시아와 유럽의 동맹을 연결하는 새로운 인도태평양 전략을 추진하고 있다.

미군이 지상전에 관여한 마지막 두 전쟁은 실패였다고 해도 과언이 아닐 것이다. 아프카니스탄의 탈레반은 다시 정권을 장악했고, 유엔 합의 없

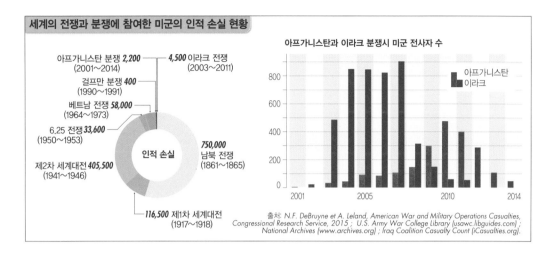

이 감행한 이라크 전쟁은 중동 지역의 정세를 더욱 불안정하게 만들었을 뿐이었다. 군사 분석가들은 2003년 해체된 이라크 군대 일부가 테러리스트 집단인 알카에다와 IS 조직의 간부로 활동했다고 말했다. 한편 미국은 치안이 불안해진 중동(이라크 미군 500명)과 중앙아시아(아프가니스탄 미군 1만 2,500명) 지역에서 평화를 유지하는 작전을 수행하던 중 바이든 정부가 2021년 7월 아프가니스탄에서 완전히 철군하면서 군사 개입을 끝냈다.

2020년 현재, 미 해군의 51%가 아시아태평양 지역에 배치

미국은 경제적 · 군사적 패권이 지정학적으로 약화하는 상황 속에서 새로운 대외 정책을 모색하는 중이다. 중국이 신흥 강국으로 부상함에 따라 방위 전략의 새로운 방향은 아시아로 향하고 있음을 보여준다.

오바마 정부가 내세운 '피벗(Pivot) 전략(사업의 큰 축은 유지하되 시장의 반

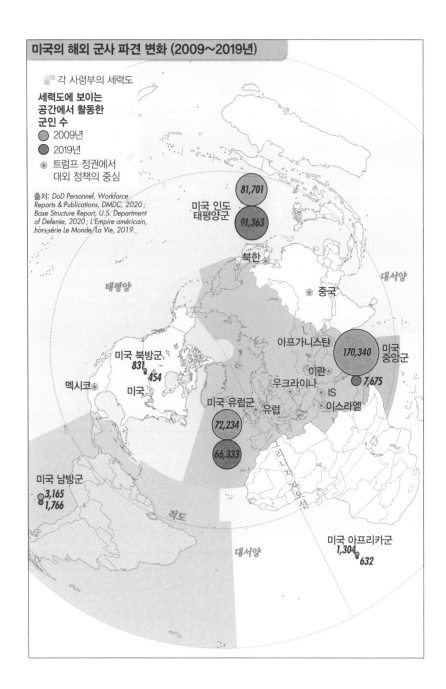

미국의 해외 군사 파견 변화 (2009~2019년)

각 사령부의 세력도

세력도에 보이는
공간에서 활동한
군인 수
- 2009년
- 2019년
- 트럼프 정권에서
  대외 정책의 중심

출처: DoD Personnel, Workforce
Reports & Publications, DMDC, 2020 ;
Base Structure Report, U.S. Department
of Defense, 2020 ; L'Empire américain,
hors-série Le Monde/La Vie, 2019.

미국 인도
태평양군
81,701
91,363

북한

태평양

대서양

중국

아프가니스탄
170,340
미국
중앙군

이란
7,675

미국 북방군
831
454

우크라이나

멕시코

미국

IS

이스라엘

미국 유럽군
유럽
72,234
66,333

미국 남방군
3,165
1,766

적도

대서양

미국 아프리카군
1,304
632

응에 맞춰 사업 방향을 바꾸는 것)'은 중국의 부상을 미국에 대한 도전과 위협으로 인식하고, 미국이 아시아태평양 중심의 새로운 전략을 수립하는 것이다. 이에 따라 미군은 테러 위험 세력으로 간주해 대응하며 관리하던 중동 및 아프가니스탄에서 아시아태평양 지역으로 이동하고, 라이벌 중국의 대두를 막는 작전을 펼치게 된다.

2020년 현재, 미 해군의 51%가 아시아태평양 지역에 배치되어 있다. 국제 분쟁 수역으로 떠오른 남중국해에서 상선의 자유로운 항행을 보장하고 무역에 우호적 환경을 조성하는 것이 중요 임무다. 특히 긴장이 높아지고 있는 남중국해에서 확인된 석유·천연가스 자원을 연안국들이 호시탐탐 노리고 있으며, 미국은 이해당사자들의 분쟁에 개입해 영향력을 행사하려고 한다.

이런 전략의 기반이 되는 것이 아시아태평양 지역에 배치된 군사력과, 오랜 동맹국인 한국, 일본, 오스트레일리아의 군사적·경제적 공동 대응이다. 최근에는 인도를 포함한 인도태평양전략으로 확대하면서 유럽의 나토와 연합해 중국과 러시아의 도전에 함께 맞서는 외교 정책을 추진하고 있다.

미국에 대한 반미 감정의 고조는 미국이 가진 절대적인 힘과 영향력에 비례하는 결과물이다. 세계 최강국 미국에 대해 반대 진영의 격렬한 감정 폭발은 반미주의라는 표현(프랑스 사전 르 프티 로베르에 따르면 1948년 등장)으로 일반화되었다. 미국을 거부하는 진영은 우선 미국의 자본주의 모델과 대립하는 이데올로기를 기반으로 하는데, 이는 구소련과 중국, 라틴아메리카에서 발전한 사회주의 진영이다.

국경의 개통과 봉쇄를 반복, 미국-멕시코의 이민 문제

"불쌍한 멕시코여! 신은 너무나 멀리 떨어져 있고, 미국은 너무도 가까이 있구나."
1876년부터 1911년까지 멕시코 대통령으로 장기 군림한 정치가 포르피리오 디아스의 이런 탄식은 이웃 미국에 대한 멕시코의 동경과 반감을 동시에 보여준다. 멕시코인이 미국 사회의 주된 소수 세력으로 인정받은 것은 20세기 후반 이후다. 미국과 맞대고 있는 국경 지대를 시작으로 전역에 걸쳐 멕시코계 이민자들이 세력을 넓히고 있다.

국경을 맞댄 멕시코는 미국으로 이민을 떠나는 대표적인 나라

2018년 조사에서 5,750만 명의 히스패닉계 미국인 중 3분의 2(3,600만 명)가 멕시코 출신으로 집계되었다. 미국의 자치령인 푸에르토리코 출신자 550만 명을 압도적으로 앞서고 있다. 이 수치는 미국 시민인 이민 1세대와 후손이 멕시코인으로서의 정체성을 갖고 있다는 점을 나타낸다. 그에 비해 멕시코 시민으로 미국에 거주 중인 사람은 1,120만 명 정도라고 추산하고 있다.

멕시코는 미국으로 이민을 떠나는 대표적인 나라로 꼽힌다. 특히 20세기 후반부터 미국으로 유입한 멕시코인이 21세기 초입까지는 지속적인 증가세를 유지했다. 그러다가 2005년에 들어서면서 1960년대 이후 처음

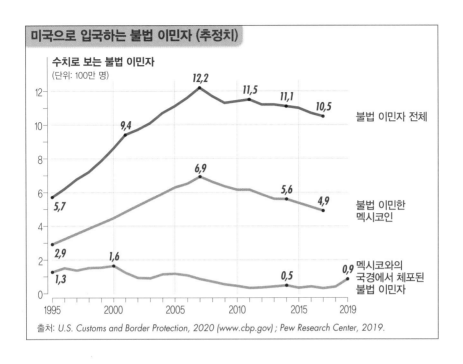

미국으로 입국하는 불법 이민자 (추정치)

수치로 보는 불법 이민자
(단위: 100만 명)

불법 이민자 전체

불법 이민한
멕시코인

멕시코와의
국경에서 체포된
불법 이민자

출처: U.S. Customs and Border Protection, 2020 (www.cbp.gov) ; Pew Research Center, 2019.

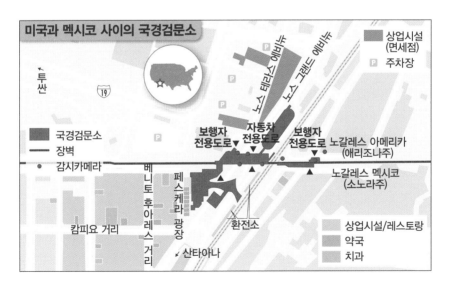

미국과 멕시코 사이의 국경검문소

상업시설
(면세점)

주차장

국경검문소
장벽
감시카메라

보행자
전용도로

자동차
전용도로

보행자
전용도로 노갈레스 아메리카
(애리조나주)

노갈레스 멕시코
(소노라주)

상업시설/레스토랑
약국
치과

으로 멕시코인의 미국으로 이주하는 인구와 멕시코로 회귀하는 인구의 격차가 역전되기 시작했다.

이후 매년 미국을 떠나 멕시코로 거주지를 옮기는 멕시코인 또는 멕시코계 미국인이 늘어나고 있는 실정이다. 20세기 후반 노동력 확보를 위해 이민과 이주 기준이 완화된 법률에 힘입어 멕시코인의 미국 이동이 급증했던 시대와는 확연히 다른 추세를 보여준다.

이민의 흐름이 역전된 것은 2007~2008년에 발생한 리먼 사태로 미국의 경제 후퇴에 따른 결과다. 본격적인 불경기에 접어들면서 일부 멕시코계 미국 시민들은 조상의 땅으로 역이주하는 길을 선택했다. 마찬가지 이유로 해외에서 미국으로 향하는 불법 이민도 2017년에는 어림잡아 1,050만 명 수준으로 감소했는데, 이때 처음으로 멕시코인(490만 명)이 불법 이민자 수의 과반 아래로 내려왔다. 이제 멕시코는 다른 라틴아메리카 국가의 국민이 미국으로 이주하는 이민 루트 정도로 서서히 바뀌고 있다.

샌디에이고와 엘파소 지역에 2006~2010년까지 최초의 장벽 설치

1853년 대륙횡단 철도 건설을 위해 멕시코로부터 개즈던을 구입한 미국은 애리조나와 뉴멕시코를 합병하면서 멕시코와의 국경을 확정했다.

미국과 멕시코의 국경은 길이 3,145km(미국 4개 주와 멕시코 6개 주 포함)로 사막 지대를 가로지르며 리오그란데강(멕시코에서는 리오브라보강)의 동쪽 절반을 끼고 있다.

미국과 멕시코의 국경을 마주하고 있는 수많은 도시는 양국 간의 무역

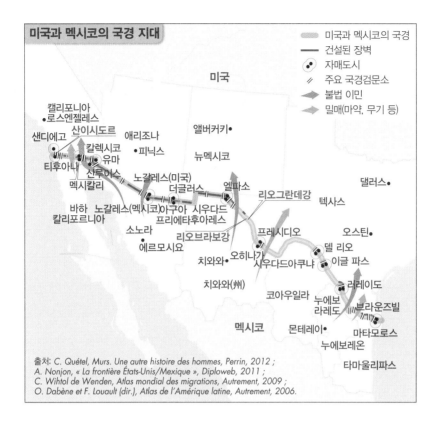

미국과 멕시코의 국경 지대

- 〰️ 미국과 멕시코의 국경
- ━ 건설된 장벽
- ⊙ 자매도시
- ⁄ 주요 국경검문소
- ➡️ 불법 이민
- ➡️ 밀매(마약, 무기 등)

미국

캘리포니아
•로스엔젤레스
샌디에고
산이시도르
칼렉시코
티후아나 유마
멕시칼리 산루이스
바하 노갈레스(미국)
칼리포르니아 더글러스
노갈레스(멕시코) 아구아 시우다드
프리에타후아레스
소노라
리오브라보강
에르모시요
치와와• 오히나가
치와와(州) 시우다드아쿠냐
코아우일라 누에보
라레도
멕시코 몬테레이•
누에보레온
타마울리파스

애리조나
앨버커키•
피닉스•
뉴멕시코
엘파소
리오그란데강
텍사스
프레시디오
델 리오
이글 파스
러레도
브라운즈빌
마타모로스

댈러스•
오스틴•

출처: C. Quétel, Murs. Une autre histoire des hommes, Perrin, 2012 ;
A. Nonjon, « La frontière États-Unis/Mexique », Diploweb, 2011 ;
C. Wihtol de Wenden, Atlas mondial des migrations, Autrement, 2009 ;
O. Dabène et F. Louault (dir.), Atlas de l'Amérique latine, Autrement, 2006.

과 인적 교류의 장이다. 특히 그 중 '마킬라도라(Maquiladora, 스페인어로 방앗간 삯)'라고 불리는 멕시코의 미국 국경 변에 설치된 보세 수출가공 단지는 면세 혜택과 멕시코인의 값싼 노동력을 이용하는 외국 회사(대부분 본사는 미국)가 최종 제품을 미국 시장에 수출하는 거점이 되고 있다. 또한 그곳은 국경을 통과하기에 가장 적합한 지점이기도 하다.

미국과 멕시코의 국경에는 검문소가 25곳에 분산 설치되어 있으며, 그 중 하나인 미국 샌디에이고와 멕시코 티후아나 사이에 있는 산이시드로(San Isidro) 국경은 매일 2만 명의 보행자와 7만 대의 자동차가 미국과 멕시코를 지나다니고 있어 세계에서 가장 통행량이 많은 국경 중 하나이다.

한편 이렇게 많은 통행량을 소화하고 있는 이 국경이 개통과 폐쇄를 반복하는 것은 양국의 경제적 요구와 2001년 9·11 사태 이후 안전에 대한 불안이 공존하기 때문이다. 특히 9·11 테러 사건으로 국경 통제의 느슨함이 드러나면서 이민을 가장한 테러리스트의 침입에 대한 경계심이 매우 높아졌다.

이에 따라 부시 행정부(2001~2008년)는 이민 정책을 더 엄격하게 시행하고, 2006년에는 아예 물리적으로 국경을 폐쇄하는 방안을 일방적으로 가결했다. 이때 양국을 가로지르는 국경선의 3분의 1은 울타리를 설치하기로 했다. 결국 샌디에이고와 엘파소 지역에 2006년부터 2010년까지 최초의 장벽이 세워졌다. 또한 국경 경비도 강화돼 2011년까지 병사와 경비대가 증원됐다. 미국과 멕시코의 국경 관리 문제는 정치에서도 자주 거론되는 주제인데, 도널드 트럼프는 대선 기간에 미국과 멕시코 국경에 장벽을 설치하겠다면서 설치 비용도 멕시코가 치르게 하겠다고 약속했지만 실제로 이루어지지는 않았다.

미국과 멕시코의 경제, 사회, 문화가 섞이면서 혼재하는 '멕사메리카'

'멕사메리카(Mexamerica)'는 미국의 정치학자이자 하버드대학교 교수인 새뮤얼 헌팅턴이 처음으로 규정했다. 캘리포니아, 애리조나 등 멕시코 접경 지역에 멕시칸들이 엄청나게 밀려와 '제2의 멕시코'가 형성되고 있다는 인식이 생길 때, 미국과 멕시코의 경제, 사회, 문화가 섞이면서 혼재되

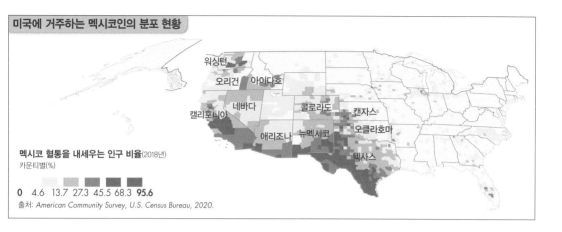

미국에 거주하는 멕시코인의 분포 현황

워싱턴
오리건 아이다호
네바다 콜로라도 캔자스
캘리포니아 오클라호마
애리조나 뉴멕시코
텍사스

멕시코 혈통을 내세우는 인구 비율(2018년)
카운티별(%)

0 4.6 13.7 27.3 45.5 68.3 **95.6**

출처: *American Community Survey, U.S. Census Bureau, 2020.*

는 미국을 표현한 것이다. 새뮤얼 헌팅턴은 '멕사메리카' 외 '아멕시카', '멕시포니아'라는 표현도 덧붙였다. 그런 후 '멕사메리카'는 개념화된 단어로 언론 매체 등에서 통용되었다.

사실 미국 시민이 된 멕시코 이민자와 그 2, 3세대는 미국 남부에 깊은 영향을 주었다. 스페인어 등 2개 언어 병용, 식습관(텍사스와 멕시코 음식이 섞여 미국화된 텍스멕스 요리), 종교 행사(멕시코 종교를 대표하는 과달루페의 성모) 등이 자리 잡았다. 반면 인구 대비 상대적으로 볼 때 선거에서 뽑히는 멕시코 출신 정치인의 수가 적다는 점은 정치적 발언권이 여전히 약하다는 것을 보여준다.

미국과 쿠바의 적대 관계는
냉전 시대의 유산인가?

미국에게 이웃 쿠바는 떼려야 뗄 수 없는 존재였다. 카리브해의 중심에 있는 쿠바는 지리적으로 가깝고 전략적으로 중요한 섬이기 때문이다. 양국 간의 경제적·정치적인 관계는 19세기 말 밀접한 협력관계에서 냉전 시대의 국교단절까지 한 세기 사이에 180도 바뀌었다. 또한 2014년 12월 17일 양국 간 외교관계 재개가 발표되면서 이날은 역사적인 하루가 됐다.

1959년 쿠바 혁명으로 피델 카스트로가 정권을 잡자 적국으로 돌변

쿠바가 독립을 달성한 것은 1902년, 미국의 보호 아래 있던 두 번째 시기였다. 이때가 양국 간에는 정치적·경제적 이해관계가 최고조에 달했다. 쿠바는 경제적으로 미국이 사탕수수 등의 주요 수출지였지만, 미국은 쿠바를 정치적으로 종속국 정도로만 여겼다. 그래서 미국은 자신들의 이익을 지키기 위해 쿠바 내정에도 주저하지 않고 개입했다.

하지만 1959년 쿠바 혁명으로 피델 카스트로가 정권을 잡자 미국과 쿠바의 친밀한 관계는 한순간에 종지부를 찍었다. 냉전 시대를 배경으로 양국은 철천지원수가 되어 대립했고, 최고조에 달한 것이 1961년의 피그스만 침공이었다. 피그스만 침공 사건은 쿠바 혁명 이후 미국으로 망명한 쿠

바인들이 미국의 지원을 받아 카스트로 정권의
타도에 나서면서 피그스만을 침공한 사건이다.
하지만 이 피그스만 침공은 실패하고 당시 이
를 지원했던 케네디 정부는 큰 타격을 받았다.

이후 버락 오바마 대통령과 라울 카스트로
쿠바 국가평의회 의장이 비밀 교섭을 통해 외
교관계의 재개를 발표한 것은 2014년 12월, 국
교단절로부터 53년 후의 일이었다.

국교 정상화를 향한 첫걸음으로, 곧바로 쿠
바에 부과되었던 출항 정지가 완전하게 풀리게
되었다. 그런데 트럼프 대통령은 당선 후 2019
년에 다시 경제 교류와 관광을 제한하는 조치
를 발표해버렸다. 이런 봉쇄 정책에도 불구하
고 미국 관광객은 2010년부터 2018년까지 10
배로 늘었다. 그러나 바이든 대통령 당선 이후
제재 해제에 대한 기대가 있었지만, 오히려 쿠
바를 2021년 테러지원국 명단에 올리면서 봉
쇄 정책을 그대로 유지하고 있다.

플로리다는 공산당 정권을 피해 도망친 쿠바인들의 대표적인 망명지

20세기 후반 플로리다는 공산당 정권을 피한 쿠바인들에게 사실상 대표적인 망명지였다. 쿠바의 수도 아바나에서 378km밖에 떨어져 있지 않은 마이애미는 쿠바 망명객의 대체 수도가 되면서 속속 이민의 행렬이 이어지기도 했다.

최초의 물결은 '황금의 망명(1959~1961년)'으로 공산주의를 피해 도망친 경제계와 정치계의 엘리트로 구성되어 있었다. 이어 카스트로 정권의 반대파가 온 것은 '자유의 비행(폐지됐던 민간항공의 영업이 재개)'이라고 불

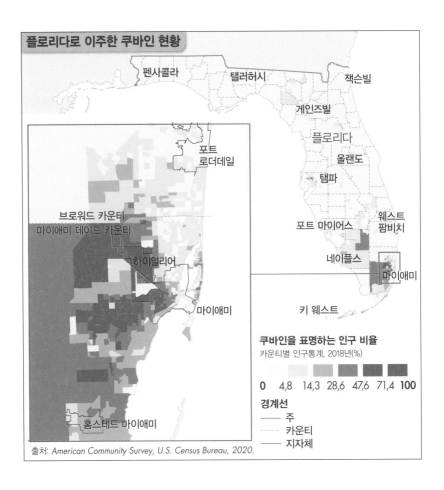

플로리다로 이주한 쿠바인 현황

펜사콜라　　탤러허시　　잭슨빌

게인즈빌

플로리다

포트
로더데일

올랜도

탬파

브로워드 카운티
마이애미 데이드 카운티

웨스트
팜비치

하이얼리어

포트 마이어스

네이플스

마이애미

마이애미

키 웨스트

쿠바인을 표명하는 인구 비율
카운티별 인구통계. 2018년(%)

0　4,8　14,3　28,6　47,6　71,4　100

경계선
—— 주
----- 카운티
—— 지자체

홈스테드 마이애미

출처: *American Community Survey, U.S. Census Bureau, 2020.*

린 기간(1965~1973년)으로, 이는 미국 정부의 지원으로 이루어졌다. 쿠바인들은 이민법에서 특별 대우를 받아 정치 난민으로 자동 인정됐고, 영주권 취득도 다른 이민자보다 훨씬 수월했다.

다음 물결은 '마리엘 보트리프트'로 불리는 대규모 탈출 사건(1980년 카스트로가 미국 이민 승인 후 5개월 동안 약 12만 5,000명의 쿠바 주민이 마이애미로 이주한 사건)으로 그동안의 정치적 이주에서 경제적 이주로 옮겨간 것이다. 이는 미국의 봉쇄 조치가 초래한 쿠바의 불황과 궁핍의 결과였다.

마지막 파도가 '발세로스(Balseros, 1994~1995년)'로 쿠바 이민자들이 미국으로 향하기 위해 사용했던 뗏목(스페인어로 발세)에서 나온 말이다. 이후 이민 문제로 고조된 양국 간의 긴장을 완화하기 위해 1995년 '젖은 발 마른 발(Wet feet dry feet policy)'로 요약되는 법이 미국에서 시행됐다. 이것은 연간 할당 외에도 미국 땅을 밟은 쿠바 이민자에게는 영주권이 주어지는 특별한 우대 조치였다. 그 대신 망명 도중에 젖은 발로 잡히면, 즉 해상에서 연안경비대의 검문으로 체포된 경우엔 쿠바로 송환되었다.

이로써 2018년 현재 미국에 사는 쿠바 또는 쿠바인은 220만 명 중 60~70%가 플로리다에 거주하고 있으며, 마이애미 데이드 카운티에만 약 절반(44.4%)이 있다. 특히 데이드 카운티에서도 쿠바인을 많이 볼 수 있는 곳은 리틀 아바나 지역이고, 중심가인 칼레 오초에는 전형적인 쿠바 상점이 들어서 있어 현지인들이 도미노를 즐기는 풍경으로도 유명하다. 마이애미 북서부에 인접한 하이얼리어는 쿠바인이 두 번째로 많은 도시이다.

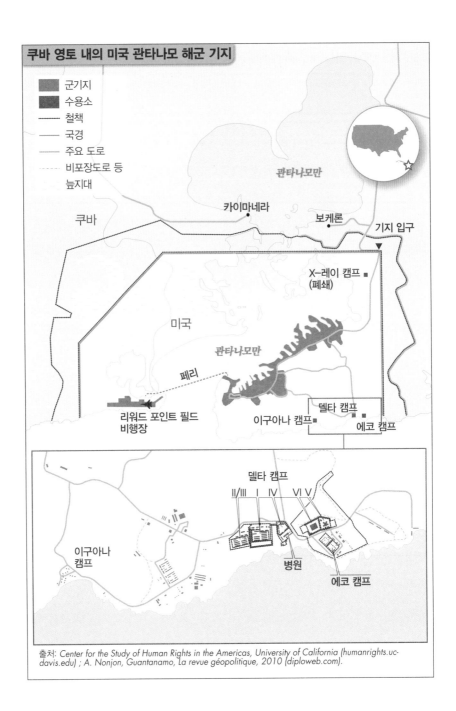

쿠바 영토 내의 미국 관타나모 해군 기지

- 군기지
- 수용소
- ……… 철책
- ─── 국경
- ─── 주요 도로
- ┄┄┄ 비포장도로 등
- 늪지대

관타나모만

쿠바

카이마네라

보케론

기지 입구

X-레이 캠프
(폐쇄)

미국

관타나모만

페리

리워드 포인트 필드
비행장

이구아나 캠프

델타 캠프

에코 캠프

델타 캠프

II/III I IV   VI V

이구아나
캠프

병원

에코 캠프

출처: Center for the Study of Human Rights in the Americas, University of California (humanrights.uc-davis.edu) ; A. Nonjon, Guantanamo, La revue géopolitique, 2010 (diploweb.com).

쿠바의 관타나모만 해군 기지는 미 해군과 군함이 주둔하는 영구조차지

쿠바 동남쪽 끝에 있는 관타나모만에는 1903년 이래 미국 비행장, 해군 기지, 테러 용의자들의 수용소가 있다. 쿠바 독립 시 미국의 지원 대가로 영구조차(租借, 특별한 합의로 다른 나라 땅의 일부를 빌려 사용하는 행위로 여의도 면적의 13배이다)가 허용된 곳이다.

쿠바는 1959년 공산 정권이 들어선 뒤 이를 무효로 하며 미국의 조차료를 수취 거부했는데, 이후 미국은 쿠바 정부의 주권은 인정하면서도 그곳을 계속 지배하고 있다.

대형 군함을 정박시킬 수 있는 자연적 입지 조건을 갖춘 이 항구는 카리브해 관리 측면이나 열대 기후에서의 해군 훈련 측면에서나 미국으로서는 고도로 전략적인 거점이다. 그래서 관타나모만 해군 기지에는 항상 미 해군과 군함이 주둔하고 있다.

2002년부터는 이슬람 과격파 테러리스트 혐의를 받는 40여 개국의 테러 용의자를 수용하고 있다. 이곳이 미국의 특별 수용소로 선택된 것은 미국의 법제가 미치지 않는 치외법권 지역이기 때문이다.

9·11 사건 이후 테러범이나 용의자들을 수용해 고문과 가혹 행위를 저질러 세계인의 이목이 집중되기도 했다. 테러범을 집중적으로 검거할 당시에는 관타나모수용소에 최대 800명이 수용됐고, 2018년에도 40명이 수용된 상태로 알려져 있다. 한편 이 수용소는 전 세계 인권단체의 거센 비난을 받기도 했는데, 오바마 전 대통령이 선거 당시 관타나모 수용 시설을 폐쇄하겠다고 약속했지만 불발되었다.

미개척지인 알래스카는
새로운 프런티어인가?

현대의 개척자들에게 광대한 토지를 제공해 정복과 개척의 꿈을 상기시키는 알래스카는 미국인의 대담무쌍한 프런티어 정신을 상징하는 곳이다. 미국의 49번째 주인 알래스카는 인구가 매우 적고, 어업, 수렵, 석유, 관광 등 풍부한 자원의 보고로 유명하다. 그러나 불안정한 지리적 특징도 무시할 수 없으며, 그리고 가혹한 환경과 기후 온난화의 위협과 함께 자원을 둘러싼 분쟁의 씨앗도 도사리고 있다.

북극해의 유전, 다양한 광물자원 등 개발 여지가 풍부한 천혜의 땅

미국의 50개 주 중에서 가장 크고, 인구 밀도가 가장 낮은 알래스카는 2019년 현재 면적 171만 8,000㎢에 주민은 73만 6,732명이다. 또한 1인당 거주 면적이 2㎢ 정도인데, 그중 40만 명(절반 이상)이 대도시 앵커리지(경제와 문화의 중심지이자 수송 허브의 거점)에, 10만 명은 페어뱅크스에 거주하고 있다.

새로운 프런티어가 될 것 같다는 소리를 듣는 알래스카는 눈으로 뒤덮인 광대한 토지, 1968년 발견된 북극해의 유전, 다양한 광물자원 등 개발 여지가 풍부한 천혜의 땅이다. 여전히 누군가에게 개척의 희망을 품게 하는 보물 같은 지역이다.

하지만 가혹한 생활환경을 견뎌야 하고, 특히 겨울의 북극 지역에서는 사냥에 나서는 것 자체가 거친 자연에 목숨을 걸어야 하는 도전이다.

그런데도 알래스카인들은 자신들의 터전을 '혹독한 자연환경과 개척자 정신'이라는 이미지와 표현으로 소개하는 것을 좋아한다. 알래스카 관광을 광고하는 팸플릿이나 TV 프로그램(리얼리티 프로그램인 '알래스칸, 부시 피플(Alaskan bush people)' 등), 또는 일부 정치인의 연설에서 그런 경향을 볼수 있다. 특히 9대 알래스카 주지사(2006~2009년)였고, 2008년 부통령 후보로 '마마 그리즐리'라는 애칭으로 불린 다섯 아이의 엄마 세라 페일린이 대표적이다.

가혹한 자연조건에다 대부분 지역이 자연공원이나 야생 구역으로 보호

물론 알래스카를 개척지의 최전선이라는 한 마디로 통칭하기에는 다소 무리가 있다. 이유는 많다. 우선 첫째, 원주민이 많이 살고 있다(알레우트인, 이누이트, 유피크 등이 현재 인구의 15%를 차지, 1940년에는 45%). 그들은 1971년 관습법을 유지하면서, 과거에는 러시아의 식민지였던 약 20만㎢의 토지를 반환받았다.

둘째는 알래스카 지역의 상당 부분이 가혹한 자연조건(북극 기후와 최고봉인 데날리산 정상은 해발 6,190m)에다 자연공원이나 야생 구역으로 보호되고 있기 때문이다. 이런 자연환경 때문에 연방정부가 국토의 65%를 소유하고 있을 정도이다.

셋째, 일부 개척지들은 대부분 관광(자연, 고기잡이, 사냥 등)으로 생계를 유지하고 있기 때문이다.

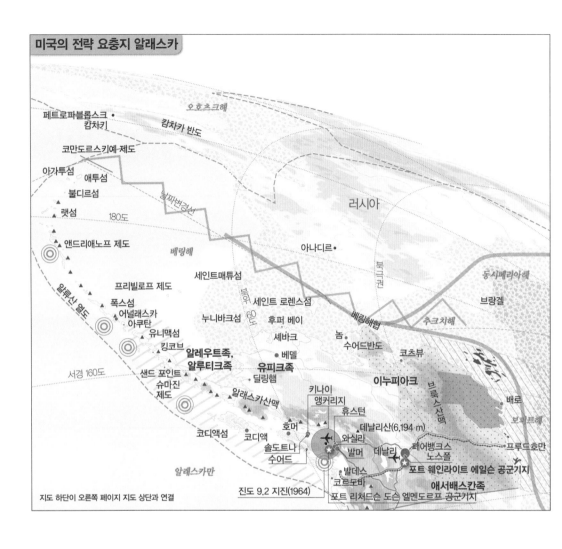

미국의 전략 요충지 알래스카

오호츠크해

페트로파블롭스크 ·
캄차키

캄차카 반도

코만도르스키예 제도

아가투섬

애투섬

불디르섬

랫섬   180도

날짜변경선

러시아

아나디르 ·

북극권

동시베리아해

브랑겔

앤드리애노프 제도   베링해

세인트매튜섬

프리빌로프 제도

폭스섬   세인트 로렌스섬

어널래스카
아쿠탄

누니바크섬   후퍼 베이   놈

베링해협   추크치해

유니맥섬   셰바크   수어드반도

킹코브   **알레우트족,**   베델

코츠부

알루티크족   **유피크족**   **이누피아크**

브룩스산맥

배로

서경 160도   딜링햄

샌드 포인트
슈마진
제도   알래스카산맥   키나이   보퍼트해

앵커리지

휴스턴   데날리산(6,194 m)   페어뱅크스
노스폴   프루드호만

호머   와실라

코디액섬   솔도트나   발머   데날리   포트 웨인라이트 에일슨 공군기지

코디액   수어드   발데스   **애서배스칸족**

알래스카만   코르도바

포트 리처드슨 도슨 엘멘도르프 공군기지

지도 하단이 오른쪽 페이지 지도 상단과 연결   진도 9.2 지진(1964)

넷째, 북극권에 가까운 알래스카는 러시아(1867년 단 돈 720만 달러에 이
땅을 미국에 매각)를 상대하는 전략적 요충지라는 점이 논쟁의 중심이 되고
있다. 또 석유 자원은 이미 많이 개발되어(2018년 현재 확인된 매장량은 1978
년의 30% 수준) 석유 경제의 생명줄인 송유관이 알래스카 남북을 종단하여

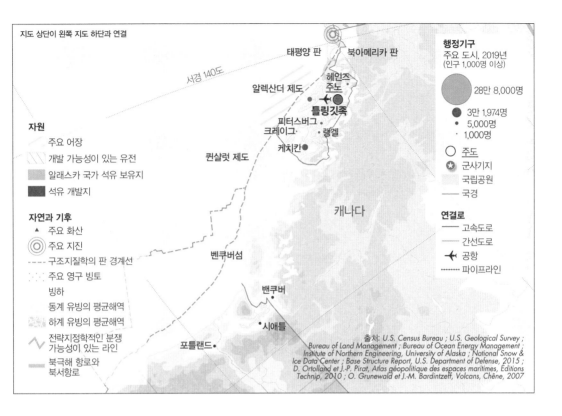

지도 상단이 왼쪽 지도 하단과 연결

서경 140도

태평양 판   북아메리카 판

헤인즈
주노
알렉산더 제도   **틀링깃족**
피터스버그
크레이그   · 랭겔
케치칸

퀸샬럿 제도

캐나다

벤쿠버섬

밴쿠버

· 시애틀

포틀랜드 ·

자원

— 주요 어장

/// 개발 가능성이 있는 유전

▨ 알래스카 국가 석유 보유지

■ 석유 개발지

자연과 기후

▲ 주요 화산

◎ 주요 지진

-·-·- 구조지질학의 판 경계선

::: 주요 영구 빙토

빙하

동계 유빙의 평균해역

하계 유빙의 평균해역

∿ 전략지정학적인 분쟁 가능성이 있는 라인

━ 북극해 항로와 북서항로

행정기구

주요 도시, 2019년
(인구 1,000명 이상)

⬤ 28만 8,000명

● 3만 1,974명

• 5,000명

· 1,000명

○ 주도

⊛ 군사기지

국립공원

━ 국경

연결로

━ 고속도로

― 간선도로

✈ 공항

······· 파이프라인

출처: *U.S. Census Bureau ; U.S. Geological Survey ;*
Bureau of Land Management ; Bureau of Ocean Energy Management ;
Institute of Northern Engineering, University of Alaska ; National Snow &
Ice Data Center ; Base Structure Report, U.S. Department of Defense, 2015 ;
D. Ortolland et J.-P. Pirat, Atlas géopolitique des espaces maritimes, Editions
Technip, 2010 ; O. Grunewald et J.-M. Bardintzeff, Volcans, Chêne, 2007

남부의 석유 터미널항 밸디즈까지 연결되어 있다.

　마지막으로 이 부근 해역은 물고기가 매우 많고(연어 등), 수 세기 전부터 행해지고 있는 어업은 수출 관련 산업의 발판이며 연 7만 8,500명을 고용하기도 했다. 어쨌든 이렇게 거친 자연환경에서 살아가야 하는 개척자 생활은 사람들이 생각하는 것처럼 낭만적이지 않다.

　모험과 스릴을 자연 속에서 즐기려는 사람은 생존의 한계상황을 경험하게 될 것이고, 지역 어민들은 최악의 조건에서 어쩔 수 없이 고기잡이를 하고 있다는 사실도 알게 될 것이다. 어장인 프루드호만에는 같은 이름의 유전이 있는데, 이 유전은 알래스카 '부의 근원'이라고 할 만큼 광대하다. 반면 오염의 원흉인 석유 산업이 밀집해 있어 환경론자들의 원성을 사고 있기도 하다.

기후 온난화에 따른 빙하의 용해로 가까운 장래에 북서항로 개통 전망

기후 온난화는 현재 우리가 사는 지구의 생활환경을 위험할 정도로 바꿔놓기 시작했다. 영구동토층(북극이나 남극 등 고위도 지역으로 일년내내 땅의 온도가 물이 어는 빙점 이하인 곳)의 용해 현상(향후 2050년까지 5분의 1이 녹을 것으로 예상)으로 일반 건조물에도 심각한 피해를 예상하고 있다. 만에 하나 용해 현상으로 송유관이 파괴되기라도 한다면, 1989년에 발생한 유조선 엑손 발데스호가 좌초해 원유를 유출한 사고 이상의 대형 참사가 빚어질 것이다.

동토의 용해는 원주민의 생활에도 중대한 영향을 주게 될 것이다. 해안 침식이 진행되어 촌락이 사라지고 사냥할 수 있는 동물의 종류도 줄어들 것이다.

기후 온난화에 따른 긍정적인 측면을 꼽자면 가까운 장래에 빙산의 용해로 북서항로(북아메리카 대륙의 북쪽을 돌아 대서양과 태평양을 직접 연결)가 개통될 것이다. 항해자들의 오랜 꿈인 북서항로의 개통은 이미 연안 강대국들의 흥미를 끌고 있으며, 향후 국제적인 분쟁의 씨앗이 될 가능성이 크다.

또 새로운 석유 시추지의 개발 가능성이 커지면서 오바마 행정부 이후 미국 정부 차원에서 적극적으로 개발계획을 허용하고 있다. 유전 개발이라는 모험에 많은 기업이 달려들었지만, 유전 발견 뒤 실적을 보면 신통치 않은 결과를 낸 것 같다.

한편 알래스카에는 광대하고 드라마틱한 대자연을 바탕으로 주도(州都)인 주노를 거점으로 한 크루즈관광에서 연간 120만 명(2019년)의 관광객을 끌어들이고 있다. 그리고 석유, 광물 등 지하자원도 풍부하지만, 지진(환태평양 화산대 위에 위치해 1964년 대형 지진이 일어났다), 생태, 군사전략적인 관점에서 본다면 여전히 불안정한 곳이라 할 만하다.

지포그래픽
미국의 모든 것

초판 1쇄 인쇄 | 2023년 2월 25일
초판 1쇄 발행 | 2023년 2월 28일

지은이 | 크리스티앙 몽테스 · 파스칼 네델렉
지도 | 시릴 쉬스, 박해리
옮긴이 | 유성운
펴낸이 | 황보태수
기획 | 박금희
편집 | 오윤
교열 | 이동복
마케팅 | 유인철
디자인 | 디자인붐 정의도
인쇄 | 한영문화사
제본 | 한영제책

펴낸곳 | 이다미디어
주소 | 경기도 고양시 일산동구 정발산로 24 웨스턴타워 1차 906-2호
전화 | 02-3142-9612
팩스 | 070-7547-5181
이메일 | idamedia77@hanmail.net
블로그 | https://blog.naver.com/idamediaaa
페이스북 | http://www.facebook.com/idamedia
인스타그램 | http://www.instagram.com/ida_media
네이버 포스트 | http://post.naver.com/idamediaaa

ISBN 979-11-6394-062-3 04300
       979-11-6394-058-6 (세트)